U0521675

历史的局外人
OUTSIDERS OF HISTORY

张宏杰 —— 著

图书在版编目（CIP）数据

历史的局外人 / 张宏杰著. -- 北京 ：北京联合出版公司，2025. 4. -- ISBN 978-7-5596-8298-7

Ⅰ．K207-53

中国国家版本馆 CIP 数据核字第 20251XN746 号

历史的局外人

作　　者：张宏杰
出　品　人：赵红仕
责任编辑：徐　樟

北京联合出版公司出版
（北京市西城区德外大街 83 号楼 9 层 100088）
河北鹏润印刷有限公司印刷　新华书店经销
字数 201 千字　880 毫米 ×1230 毫米　1/32　10 印张
2025 年 4 月第 1 版　2025 年 4 月第 1 次印刷
ISBN 978-7-5596-8298-7
定价：58.00 元

版权所有，侵权必究
未经书面许可，不得以任何方式转载、复制、翻印本书部分或全部内容。
本书若有质量问题，请与本公司图书销售中心联系调换。电话：（010）64258472

自序：文学如酒，历史如茶

一

从目录上看，这本书显得有点杂乱无章，有回忆，也有思考；有历史，也有文学。其实我的人生也与此相似。

我的写作从来没有规划，甚至来到人世五十多年，我也没有对自己的人生进行过什么规划。

青年时代，我经常一个人背包出门，到陌生的地方旅游，只因一个好听的地名。出门前我不读攻略，不做计划，不查目的地的资料，因为发现和惊喜，才是旅行的目的。也是出于这个原因，我一直不建议父母教小孩背太多古诗，因为自小熟习的诗词，往往被童稚印象蒙蔽，长大后却不容易领略其真义。

套用一个别人用过的书名，我的人生其实也是一场不带地图的旅行。对这个世界的好奇，是我生命的基本动力。如果抽离了好奇心，可能我的生命也就块然委地，各部分无法拼接了。所以今天回头看，我的生命轨迹颇为曲折不定：童年时的人生理想是当一名威风凛凛的卡车司机，大学却读了财经专业；父母希望我在国有银行里升到副处级，我却在办公室电脑上偷偷写散文，成了一个文学青年。

一开始，我是沿着一个标准的文学青年的道路前进的。我在文学刊物上发表了很多作品，成了中国作家协会会员。我的书曾被选入重要的国家文学奖的最终名单（因为有评委称写序者"有问题"，被临时取消，提这件我以前从来没提过的事，只为了说明我在所谓"文学之路"上走过的距离）。之后，我成了某省作协的主席团成员，参加了"全国作家代表大会"。接下来，我应该在文学道路上慢慢"德高望重"起来，并终老于此。

但是，我又离开了文学，转向了历史，先是读了复旦历史系的博士，然后又做了清华历史系博士后研究，最终进入人大历史学院工作。按理说我应该从此奔波在课堂、食堂、办公室之间，周旋于科研、课题、论文、会议、刊物、经费等专业名词之中。然而，事实上我止步于学术殿堂的门槛之外，满足于遥听謦欬，继续写那些不合规格的文字自娱。

而我的写作内容，也历来毫无规划，一直是随心所欲，信马由缰。偶然读到一篇文章，引发我对一个人或者一个话题的兴趣，我就会陆续搜寻相关资料，深入进去，如有所得，则开笔为文。很多人都问我《大明王朝的七张面孔》中的七个人是怎么选择的？其实我当时只是沿着兴趣，写了一系列十几篇历史人物随笔。事后才发现，其中的七个人都生活在明代，又恰好角色不同，放到一起，可以拼出一个大明王朝的整体轮廓，因此就有了这样一本书的问世。

即使在历史学术领域，我的研究兴趣也在不断转移。一开始，我是聚焦于一个具体的历史人物——曾国藩，聚焦于研究他的收入与支出，并以此作为我的博士论文和博士后论文的题目。这是所谓的"微观研究"。接下来，我的兴趣点又转向宏观，对比中国和世界，梳理中国历史的大致脉络，写出了《简读中国史》。再接下来，我又转向了世界史的写作，因为我日益确信，不充分了解世界，就不可能真正了解中国。因此我近几年的时间一直消耗在阅读世界史的过程中，有时候也到域外旅行，并出版了世界史系列的第一本书——《简读日本史》。

所以，当有人问我，你的研究领域是什么？我嗒然不能答。既写过明清，又曾上溯春秋战国。既写过国民性的演变，也分析过中国的俸禄史，同时还写过日本、土耳其、俄罗斯、美国、新加坡等国的历史。只能说，我的历史写作，或者说粗浅的研究，只是一个满足自己兴趣的过程。我的人生，也是好奇心驱动下的一次知识拼图。

二

提笔写字到今天，已经二十八年了。开始历史写作时，我是一个文学青年。写着写着，我成了一名"历史学者"（我自己一直称自己为"大号的历史爱好者"）。二十八年间，我出版了二十本书（像本书这样大幅修订再版的算成两本，否则应该是十多本）。这些书可以分为两类，一类是文学性比较强的，另一类是史学性比较强的。

文学性比较强的，如《千年悖论》《大明王朝的七张面孔》《坐天下》(增加十万字修订再版后改名为《权力的面孔》)。

史学性比较强的，如《简读中国史》《简读日本史》《朝贡圈》《曾国藩传》《曾国藩的经济课》。

时间界线，大致可以画在我到复旦大学历史地理研究中心葛剑雄老师门下读博时。在此之前，我写作的内容虽然是历史，但是表达方式上非常文学化，很多作品的重点放在探索人性和心理上。最典型的是写吴三桂和光绪皇帝、正德皇帝等篇。这类作品大部分是在《钟山》《当代》这样的文学刊物上发表的，有些发表时被编辑划入中篇小说栏目，或者被当成中篇小说转载。

在此之后，我的兴趣越来越转向历史本身，探索具体历史事件背后的规律，梳理历史发展的整体脉络，进行中西历史文化的对比。按照宽泛的标准，这应该可以算是"历史研究"。

不过，即使是早期的文学与史学杂交的作品，我仍然认为具有基本的史学品质，因为我在当时相对困难的情况下，尽力进行了基本的史料考辨。我是在基本事实的可靠性上开始对人性和心理的探索的，工作成果，只是冰山的水上部分。就像戴逸老师在为我的一本书所写的序言中说的："他的大部分作品虽然文笔好，但本质上却不是文学作品。这些作品，经过了史料考辨，是在专业的史学资料基础上写的，而且写作态度比较实事求是，不虚美，不隐恶，无臆想夸张之弊，属严肃的史学作品。"

而后来的书，虽然更具史学品质，但是表达上仍然是相当不"规矩"的，按照很多人的标准来看，过于个性化，过于远离学术规范，过于野狐禅。当然，在另一些读者看来，正是这种表达方式让作品有比较强的可读性。

其实中国人传统的写作方式，本来就是在文史之间。所谓夏日读史，春日读文，在中国文化当中，文与史本是不分家的，《史记》是史学经典，同时也是文学经典。在 20 世纪 90 年代以前，一个历史爱好者，也必然是一个文学爱好者。

虽然自民国年间引进西方社会科学方法论以来，文、史、哲就开始分途，但是 20 世纪 90 年代之前，中国的史学家基本上仍然保持着很高的文学素养，其中的大家更都是"有趣的人"，是"通人"，从王国维、胡适到戴逸、葛剑雄老师无不如此。一直到 20 世纪 90 年代之后，"思想淡出、学术凸显"的学风突然到来，文学与史学才真正分离，内部分科也越来越细，直到形成"隔行如隔山"的局面。

《史记》的境界，诸位前辈和老师的素养，当然永不能至，但文学如酒，历史如茶，本来应该是生命中不可缺少的。文学之樽中是源自生命本能的冲动和热情，而历史之杯中更多的是理智和清醒。在一个人的青年时代，文字中自然饱含激情和蛮力，而到了中年，在枯瘠的过程中渐渐深入，水落石出，世界在一个人的眼中以更骨感的方式呈现出来，也是上天安排的正常人生过程。"酒罢又烹茶""酒阑更喜团茶苦",是一个读书人应得的一点生命享受。至于从美酒当中提纯酒精,用于工业,那是另一行当的事情。

三

所以,如果要总结我写作的特点,那就是"让所有人都不满意"。首先是让文学界的老师和朋友们不满意。

鲁迅文学院前副院长王冰先生在一篇评论中说,我的散文中有"胆""识""才""力"。说"张宏杰的散文创作是具有其自身的价值和贡献的,它对于丰富我们的创作、开启散文写作的道路,是有着重要和积极作用的"。这当然是过奖之辞,我远不敢当。不过说我的写作中有"冒险精神",这个我当然可以接受。我重复这些褒扬,是为了说明他对我的文学性写作提出了很高的希望,希望我能开辟出一条中国散文写作的"独特道路"。

但是,我后来向史学转型,王冰先生的痛心和不满,我当然也理解并赞同。他说,"张宏杰后期的散文写作与前期的散文写作力度截然不同","还有待写得更为精细一点"。确实我后来的史学类写作,文字越来越简单平易,表达也越来越直截了当,不再追求结构的出新,文字的蕴藉、含蓄和张力,因此和早期比平淡了很多,不再是酿造,而是冲泡。

同样,我的作品也引发了很多读者的愤怒。很多读者偏爱我前期的作品,比如《大明王朝的七张面孔》,认为后来我的作品文学性不够,让他们很失望。更多的读者,则指责我前期作品"夹带私货""太主观""太文学",不是他们期待的史学作品。

这几年来,读者们对我的批评出现了一个有趣的新角度,那就是研究我的"屁股"。他们说,我的历史写作之所以有问题,是因为"屁股"问题:他的"屁股歪",根本没有必要看。比如一个帖子说:"张宏杰似乎天生就对明王朝有着仇恨,这在他的书中有很多体现,尤其是张宏杰对朱元璋的分析。"

对这类评价,我从来没有回复过。因为这类言辞在我听来,都是"仙人仙语",是我的层次无法听懂和理解的。不过我后来在网上看到了一个为我辩解的帖子,在此愿意引用其中的观点。有一个观点其实也是我在一些讲座上经常讲的,那就是我在思考的时候,从来没有把自己进行地域限定,或者身份限定。不能你是天津人,就得歌颂煎饼馃子,谁说煎饼馃子不好吃谁就是天津的叛徒。我一直把自己定位为一个全球化时代的"现代人",应该从全人类的文明中汲取营养。

所以我的作品严重缺乏身份立场,比如我的《中国国民性演变历程》,恰恰是对元朝批评得最狠。我认为从秦到宋的政治文明发展,整体上呈现上升趋势,但是元朝打断或者扭转了这种趋势,改变了中国历史的走向。明朝的很多弊端,都是对元朝的继承。

还有一些读者说我对中国文化批判太多。其实我对中国传统文化的态度，在曾国藩系列中有很明确的体现。我出了五本关于曾国藩的书，也就是说，写曾国藩用去了我整个写作生涯三分之一的时间。为什么花这么多时间和精力写这一个人呢？因为我觉得曾国藩集中了中国传统文化的正面因素。要继承传统，曾国藩是最好的切口。这五本书表达的，正是我对中国传统文化的"温情和敬意"。

当然，对我花这么多时间写曾国藩，有好几个很熟悉的朋友也不太以为然。刘瑜在给我的书写的评论中说："'成圣'是儒家这个盒子里的最高境界，但终究只是一个盒子里的最高境界。西人说：Think outside the box（跳出思维定式）……"当然，我理解刘瑜的意思是，曾国藩值得写，只是不值得花那么多时间。

我写日本史也是这样。虽然我那本书的重点是分析日本文化与中国的差异，而非对日本政治道路的评价，但那本书也让一些日本朋友不太好评价，包括我的一本书的日文译者，因为书中以较大篇幅写了天皇家族的族内通婚，也讲到了日本东北地区延续到近代的独特性风俗，似乎让人有些难堪。

四

《历史的局外人》是我2018年在东方出版社出版的一本书。

我是一个随和的人，随和到有两本书的书名，不是自己起的，而是编辑起的。一本是《简读中国史》，另一本就是《历史的局外人》。编辑为什么要起这个名字，我至今也没有问过。不过这次再版，我决定还是沿用这个名字。

这次再版，修订的幅度比较大，差不多有一半的内容是新写的。新写的内容，基本聚焦于读史和写史。

因为这些年来研究"屁股"的读者越来越多，读者当中，观点立场分裂的现象也越来越严重，所以我也花了一些时间，来思考为什么会如此。这本书的第二部分"读史不一定明智"，就是我关于读史方面的思考和建议。这部分基本都是新增的内容。第三部分"我们为什么要读历史"，则一半是新作，一半是旧文。

第一部分"我与历史写作"保留了三篇旧文，新增了两篇。这部分的主题是回顾我走上史学之路的过程，记录了葛剑雄老师和戴逸老师等人对我的帮助，也阐述了我对历史学术与大众接受之间关系的看法。收入写黄仁宇先生的一篇文章，是因为他的大部分写作也可以划入"大众历史"。虽然才力不能望其项背，但是生命历程和在某些具体情境中的生命滋味总有容易共鸣之处，"关心他人就是关心自己"。

最后一部分"番外"，呈现了我在文学和历史之间游荡的轨迹，也呈现了我从文学青年到历史中年的生命轨迹。《鲁迅的收入与生活》是为了解答以前翻鲁迅日记时积累的一些疑惑，鲁迅是我少年时代的文学启蒙，我初中一年级时的作文就已经带有"鲁迅气"了。《我的文学青年生涯》，以前收录于旧版

《千年悖论》和《中国人的性格历程》中，此次有所修订。

我知道自己的落伍。在这样一个传播方式发生巨大改变的时代，我仍然如同前工业时代的手工艺人一样，一件件地手工打造着作品，以此无益之事，聊度有涯之生。虽然经常慨叹生命的错付，"去日行藏同踏雪，迂儒事业类团沙"，不过我更常吟咏的是这首：

> 春风修禊忆江南，酒榼茶垆共一担。
> 寻向人家好花处，不通名姓即停骖。
>
> ——唐寅《题画》

正如我在另一本书的后记当中所说，我的写作，生于"兴趣"，死于"兴趣"，难免立意不高，深度不够。然而如果余生中仍能够安放得下一张平静的书桌，仍然能够写，并且继续有人读，对我来说，就已经够了。

目录

第一部分　我与历史写作

黄仁宇与《万历十五年》/ 3

我与戴逸先生 / 27

戴逸先生与清史工程 / 39

我所知道的葛剑雄老师 / 46

怎样写好非虚构历史作品？/ 63

第二部分　读史不一定明智

"吃瓜"影响历史发展 / 81

为什么读史使人愚昧 / 93

中国人的"小说教"/ 106

为什么人们关注假消息？/ 129

我们应该怎么走近历史——谈历史类影视剧和小说 / 135

第三部分　我们为什么要读历史

尊重大众的读史需求——我的公共史学实践 / 145

历史就是一个国家的记忆 / 161

通俗历史的启蒙作用 / 170

历史是一门好玩的学问——聊一聊历史研究的多种方法 / 182

历史是任人打扮的小姑娘吗？/ 204

第四部分　番外

鲁迅的收入与生活 / 221

我的文学青年生涯 / 281

第一部分

我与
历史写作

非虚构历史写作和专业写作虽然有诸多不同,但是在一点上应该是高度一致的,那就是它们共同的底线是真实性。它的首要任务,都是提供真实的历史信息。

黄仁宇与《万历十五年》

一

1976年，五十八岁的纽约州立大学教授、华裔历史学者黄仁宇用英文完成了一本书，取名为《无关紧要的1587年：明王朝的衰落》(*1587, A Year of No Significance: The Ming Dynasty in Decline*)。

我们从这本书洋洋洒洒的行文中可以读出作者在写作时，是如何逸兴遄飞、文思泉涌的。确实，这本翻译成中文时名为《万历十五年》的书后来被评论为一部充满激情、才华横溢的作品，作者试图从中国历史上这个看起来无关紧要的年头出发，解释一个重大问题：中国在历史上何以落后于西方。

黄仁宇四十八岁才入行历史学界，个人作品不多，已近六十花甲的他急需出版一本有分量的作品来证明自己的学术水平。因此这本书是他调动一生的经验和思考，精心尽力、全力以赴的作品，寄出书稿的时候，他充满信心。他认为这是一颗重磅炸弹，将在世界史学界引发一场巨大震动。

然而他收获的却是美国多家出版社一次又一次的退稿。

市场化的出版社认为，这本书虽然包含宫廷秘史、妃嫔恩怨等普通读者可能感兴趣的流行要素，但是又夹杂大量思辨性的内容，对普通读者来说，有很大的阅读难度。从本质上来说，这本书应该属于学术著作。

而学术类出版社的编辑看到这本书，更感觉一头雾水，认为这本书的写作方式过于文学化，既不像一部断代史，也不像一篇专题论文。

有一次我和曾留学美国的政治学者刘瑜谈起学术界的"规矩"，她说，论文写作"格式化"，排斥个性和风格，不仅国内如此，美国其实也是这样。美国的学术圈子鼓励的是"精致的平庸"，如果你想在这个圈子里生存，就要自觉地顺从"学术产品"的流水线规则。

美国学术出版的惯例是作品须经不具名的审稿人进行评审。审稿人面对这样"不伦不类"的"四不像"，发现他们根本无法提出修改建议。它更像散文或者小说，而不是历史。他们认为用这种方式去呈现和探讨历史，根本就是错误的。

祸不单行，就在这本书屡遭退稿的过程中，1979年，黄仁宇以六十一岁的"高龄"，被所在的纽约州立大学辞退。他在回忆录《黄河青山》中说：

> 一封1979年4月10日由校长考夫曼博士（Stanley Coffman）署名给我的信如下："你的教职将于1980年8

月 31 日终止。你的教职之所以终止,是人事缩编所致。"

这是一个突然的打击,黄仁宇完全意想不到,因为到 1979 年春季为止,他已在纽约州立大学连续任教十年,已经获得了"终身"教职。

黄仁宇在回忆录中说:"我被解聘了。这是侮辱,也是羞耻。"

相对羞耻,更为难以承受的是经济问题。他的生活陷入朝不保夕的境地。他后来回忆说:"我被解聘后,就没有找到工作,也没有申请到研究经费。……我只要一听到热水器要更新,或是屋顶有破洞,心都会一阵抽痛。"

就在被解聘前不久,因为在欧美出版无望,黄仁宇干脆自己动手把这部书稿译成中文,定名为《万历十五年》,托人带到国内碰碰运气,看看有没有出版的机会。

中华书局的编辑傅璇琮后来写了一篇文章,叫《那年,那人,那书——〈万历十五年〉出版纪事》。他说,这部书稿,黄仁宇最初是托黄苗子交给他的:黄仁宇与黄苗子的夫人郁风的弟弟认识,黄苗子以漫画家的身份知名,不是史学家,但是他和中华书局的编辑很熟,因此他在 1979 年 5 月 23 日给傅璇琮写了一封信:

璇琮同志:

美国耶鲁大学中国历史教授黄仁宇先生,托我把他的著作《万历十五年》转交中华书局,希望在国内出版。

第一次寄书稿来时，金尧如同志知道。表示只要可用，就尽快给他出版。这样做将对国外知识分子有好的影响，并说陈翰伯同志也同意他的主张。但书稿分三次寄来，稿到齐时，尧如同志已离开了。

现将全稿送上，请你局研究一下，如果很快就将结果通知我更好，因为他还想请廖沫沙同志写一序文（廖是他的好友）。这些都要我给他去办。

匆匆即致

敬礼！

苗子

这封信写得颇有技巧，很能体现黄苗子的办事能力。在当时的政治环境下，他给这本书的出版赋予了严肃的政治意义，那就是海外统战的意义："这样做将对国外知识分子有好的影响。"他还借用一些人的影响力。信中提到的金尧如是当时商务印书馆的领导，陈翰伯是新闻出版局代局长，而廖沫沙就更有名了，是著名的"三家村"成员。黄苗子的意思是说，如果你不出，商务印书馆可要抢着出，而且这个著名的耶鲁大学的教授是廖沫沙先生的好朋友，廖沫沙会给这本书写序。他把黄仁宇的工作单位写成耶鲁大学，或许是误记，或许是因为耶鲁更有名，更能引起重视。

确实，黄仁宇与廖沫沙是老相识，早在抗战期间，他们曾在田汉主编的《抗战日报》报馆中共事。后来，廖沫沙虽然没能给这本书写序,但还是为《万历十五年》题写了书名。

在这样的背景下,这本书在中华书局几经讨论和反复,终于在三年后,也就是1982年付梓出版。有意思的是,也许是因为作者的寂寂无名,书的封面上竟然没有出现黄仁宇的名字,只有题字者廖沫沙的名字。

接到样书后,已经六十四岁的黄仁宇心情非常激动。虽然他也指出:"面上……没有作者黄仁宇的名字,在设计上似欠完善。"但是接下来,他还是在信中一再对中华书局表示感激。他说:"大历史观容作者尽怀纵论今古中外,非常感谢,应向执事诸先生致敬意。"

二

一开始,谁也没想到这本书能够成为畅销书,包括黄仁宇自己。为了证实他的激动心情,黄仁宇在这本书刚刚出版时表示,虽然他经济上处于困窘之中,但"不受金钱报酬"。因为"国内作家多年积压书稿亦望付梓,《万》书与之争取优先出版机会,故暂不收稿费及版税"。

后来中华书局向黄仁宇赠送了200册书,以充稿费。

然而这本为了"统战海外知识分子"的书上市后,市场反响居然非常好,第一次印刷25 000册,很快就销售一空,在读书界引起很大轰动。后来三联书店拿过这本书的版权,将它作为"黄仁宇作品系列"中的一种出版。虽然没有做任何营销,但是《万历十五年》还是迅速成为最畅销的历史著作，迄今销售已经数百万册，成为现象级出版物。嗅觉敏锐的台湾出版商立刻推出台湾版，同样引发巨大轰动。

从此，黄仁宇的作品在海峡两岸一部接一部地出版，几乎每本都受到热烈追捧。在20世纪最后十余年间，黄仁宇成了中国海峡两岸普通读者心目中影响最大、名声最盛的历史学家，甚至都不用加"之一"二字。

而《万历十五年》的英文版也在屡屡碰壁之后，在他被大学解聘后的第二年，终于由耶鲁大学出版社出版。黄仁宇的期待一定程度上得到实现，这本风格独特的书立刻引起了评论界的关注。美国著名作家厄普代克（John Updike）在《纽约客》杂志上为这本书撰写书评，大力推荐，他说："尽管深富历史学识，然而《万历十五年》却也具备着卡夫卡（Kafka）的优美而又令人顿挫之故事《中国万里长城筑成之时》（The Great Wall of China）的超现实的虚构特质。"1982年和1983年，该书获得美国国家图书奖（National Book Awards）历史类好书两次提名。后来又以法、德、日等多种版本出版，在美国被一些大学采用为教科书。

如今，这本书已经一纸风行三十年，坊间甚至有"不读万历十五年，读遍诗书也枉然""生平不读十五年，就称明粉也枉然"的戏语。《万历十五年》已经成为一种流行阅读的符号性读物。如果一个人希望给自己的标签上加一个"历史爱好者"，那这本书是必读书之一。在前一段热播的电视剧《人民的名义》

中，高育良书记的情人高小凤，据说就因为熟读黄仁宇的《万历十五年》，读成了明史专家。这个细节虽然荒诞不经，却典型地反映出普通读者心目中《万历十五年》的地位。

三

为什么这样一部最初不被看好的作品，后来在中国大获成功呢？

首先，这与时代背景密切相关。

一段时期内，史学界曾定于一尊，对历史形成一系列固定的近乎公式化的解释。刘志琴在《黄仁宇现象》中说：

> 把本来是有血有肉，生动活泼的历史，变成僵化的八股，干瘪的教条，使人望而生烦。这一状况迟迟没有改变，80年代初学术界流行一句顺口溜："解放了的哲学，活跃的文学，繁荣的经济学，沉默的史学。"

而《万历十五年》的出现，如同在沉闷的房子里打开了一扇窗户，让中国文化界呼吸到了新鲜空气。人们不约而同地惊叹："原来历史可以这样写。"

刘志琴说：

> 《万历十五年》在这一时期出版立即受到广大读者的

欢迎，反映了民众对教条化的史学读物早已厌倦。且不说别的，就是将一个王朝的盛衰浓缩到一年的这一研究方法，在国外屡见不鲜，而在中国30年见所未见；以人物为主线，从政治事端、礼仪规章、风俗习惯描绘社会风貌，就引人入胜；在论理中有故事有情节，具体生动，不落俗套，使读者兴趣盎然。我想，如果不是《万历十五年》，而是其他历史著作捷足先登中国，只要有类似的特点，也一样有轰动效应。

其次，这本书的畅销更与黄仁宇独特的叙事策略有关。我们先来看一下这本书的开头：

公元1587年，在中国为明万历十五年，论干支则为丁亥，属猪。当日四海升平，全年并无大事可叙，纵是气候有点反常，夏季北京缺雨，五六月间时疫流行，旱情延及山东，南直隶却又因降雨过多而患水，入秋之后山西又有地震，但这种小灾小患，以我国幅员之大，似乎年年在所不免。只要小事未曾酿成大灾，也就无关宏旨。总之，在历史上，万历十五年实为平平淡淡的一年。

这段叙述文学感很强，在平淡不惊中透出一股深沉广阔，是一个不逊于许多文学名著的开篇。

黄仁宇选择了明朝万历十五年，这样一个平淡的、没有什么突发事件的一年，选择了六个人物，用七篇文章来展示大明帝国，并分析它的内在机理。这六个人物是万历皇帝朱翊钧、首辅大学士张居正、后继首辅申时行、清官楷模海瑞、大将军戚继光、名士思想家李贽。他们都是时代的佼佼者，他们也都或多或少地认识到自己所处时代的问题，都想用自己的力量挽救这个王朝，然而最后，他们一个又一个地败下阵来。这六个失败者的群像，组成了一个失败的王朝。

> 事实上《万历十五年》的叙事结构就是以一个个人物为中心，明代万历年间的历史被组接为一个个故事性叙事，作者把一桩桩历史事件围绕着一个个历史人物，叙述得娓娓动听。[1]

我们来看看这部著作的第一章《万历皇帝》，看看作者是怎样用一个有趣的小故事展开全篇的：

> 这一年阳历的3月2日，北京城内街道两边的冰雪尚未解冻。天气虽然不算酷寒，但树枝还没有发芽，不是户外活动的良好季节。然而在当日的午餐时分，大街上却熙熙攘攘。原来是消息传来，皇帝陛下要举行午朝大典，文武百官不敢怠慢，立即奔赴皇城。乘轿的高级官员，还有

---

[1] 杨乃乔：《文学性的叙事与通俗化的经典——论黄仁宇〈万历十五年〉的书写策略》，《学术月刊》2007年第12期。

> 机会在轿中整理冠带；徒步的低级官员，从六部衙门到皇城，路程逾一里有半，抵达时喘息未定，也就顾不得再在外表上细加整饰了。
>
> 站在大明门前守卫的禁卫军，事先也没有接到有关的命令，但看到大批盛装的官员来临，也就以为确系举行大典，因而未加询问。进大明门即为皇城。文武百官看到端门午门之前气氛平静，城楼上下也无朝会的迹象，既无几案，站队点名的御史和御前侍卫"大汉将军"也不见踪影，不免心中揣测，互相询问：所谓午朝是否讹传？

这显然是历史小说的语言，而不是一本学术著作的语言。黄仁宇用一个非常有意思的故事，展开了这一章的叙事。

黄仁宇为什么要写这件小事？他是要通过这样一个离奇的事件，向读者展示万历朝的政府管理已经何等混乱，连皇帝午朝这样最严肃的政治大典都可能出现误传。由此向读者提出一个悬念：那么，大明王朝原本庞大而严整的官僚机构是如何演变成今天这样懈怠混乱的呢？

因此，这本书成功的要点之一在于，作者能娴熟地使用文学化的手法，达到史学的目的。

> 作者以文学性的写法，传达的却是史识：他以1587年极为平常的一天为起笔，讲述了一个宛如传奇的历史事件，一次讹传的"午朝大典"，带出万历皇帝这十五年所

——经历过的烦琐而令人窒息的典章制度，描写了整个朝廷就是一个主要由文人管理的机构，这个机构刻板地按照祖宗不变的法则运转着，是那么疲惫与乏味。

对普通读者来说，他们不必读大量的原始材料就能直接地感受到明代的政治氛围。[1]

四

这本书大受普通读者欢迎的另一个原因，是它提供了一个简单明了的通史观。这也几乎是一个规律：大部分影响力很大的通俗史学名著，背后都有一个清晰的观点。毕竟，普通读者选择读历史作品，不是为了学习考证的技术，而是为了获取知识和结论。学者可能乐于展示自己的专业技巧，螺蛳壳里做道场，但读者并没有观察庖丁解牛的耐心。因此，对普通读者来说，好的历史作品是小中见大，从一个小的切口进去，能够看到清晰的大的规律。

《万历十五年》剖析的是1587年，但是黄仁宇要展示的是整个中国历史的全貌。他要告诉读者的是，为什么从明代起，中国落后于世界。

黄仁宇的答案是，"中国的悲剧乃是其在地方组织及技术上的设备尚未具备规模之际，先已有大帝国之统一，因之上下之

---

[1] 杨乃乔：《文学性的叙事与通俗化的经典——论黄仁宇〈万历十五年〉的书写策略》，《学术月刊》2007年第12期。

间缺乏一段有效的中间阶段,全靠专制君主以他们个人身上的机断弥补"。大一统体制一方面简单有效地维持了社会的稳定,另一方面却也限制了社会变化发展的空间。传统政治体制的弱点在于组织简单,效率低下,既缺乏弹性,又欠实力,只重道德的表面,而缺乏务实地解决具体问题的能力,表面上看起来如同庞然大物,实际上不堪一击。因此黄仁宇认为,问题的关键是引入西方的"数目字上的管理","道德非万能,不能代替技术,尤不可代替法律"。

这一解释,或者有简单武断之嫌,却与众多生活在这片土地上的读者内心的朦胧感受相吻合,道出了许多读者想说又说不出的话。

针对一个巨大的问题,给出清楚明了的答案,是黄仁宇作品风行的另一个原因。

五

为什么黄仁宇能独辟蹊径,写出符合读者口味的作品呢?这与黄仁宇的个人特质有关。

黄仁宇的人生是颇有点传奇色彩的。黄仁宇是湖南人,少年早慧,十四岁就开始在报刊上发表文章,十八岁考入南开大学理学院机电工程系,不出意外的话,他本来应该成为一名工程师,在机电工程领域大展所长。然而上学不久,抗战爆发,一腔热血的他投笔从戎,奔赴战场,曾先后担任陆军第十四师排长及代理连长，后来更是远赴缅甸，1944年5月，因在密支那负伤，受颁陆海空军一等奖章。

战后，他负笈美国，凭在美国陆军指挥参谋学院所修的学分，获密歇根大学录取，以三十四岁的"高龄"从大学三年级读起，先读新闻，后转到历史，1954年获学士学位，1957年获硕士学位，1964年获博士学位。

因此，黄仁宇是一个典型的"半路出家"的历史学者。在成为历史学家之前，黄仁宇做过两年的工科大学生，十多年的军人，求学期间为了谋生，更是从事过多种职业，如电梯服务员、收货员、洗碗工、调酒员、厨房帮工、清洁工、绘图员等。他获得历史学博士学位时，已经四十六岁，而且还是"老光棍"。直到四十八岁，他才获得稳定的社会身份，有能力结婚成家。

这样的经历，在当代历史学术界可谓绝无仅有。"半路出家"，一方面使黄仁宇的学术训练可能不够严格、规范；另一方面，却也使他没有被学术界学术产品的"流水线规则"所驯化，保持了强烈的个性。更重要的是，"半路出家"使黄仁宇终生保持了对历史发自生命深处的草根式兴趣。

"半路出家"的黄仁宇的所有思考与写作，都与自己的生命经验息息相关，他的研究不只是为了解决学术问题，更是为了解决个人生命中的困惑。"我之所以成为历史学家，是因为自己颠沛流离，一切源于中国的动荡不安。""对我来说，历史学不只是行业技艺而已。……我开始接触这一行业和技艺，是因为动荡不安的生活造成心灵苦恼。"他说：

> 在美国读书和打工时，我常被在中国的痛苦回忆所折磨，不时陷入沉思。后来当教师，拿着麦克风站在五百名大学生面前，无法立即解释：为何康有为失败了，孙中山失败了，袁世凯失败了，张作霖失败了，陈独秀失败了，蒋介石失败了。为使我的讲课内容前后一致又有说服力，唯一的方法就是说，中国的问题大于上述人士努力的总和。中国文明将和西方文明融合的说法，是人类历史上空前的事件。上述不同阶段的失败必须被视为阶段的调试，以达成一致的终点。

黄仁宇本是一个个性强烈的人，为人有横绝一世的气魄，敢于冒险和尝试，要不然也无法解释他人生道路上这几个剧烈的转弯。因此，从事历史研究后，他一心要解答困扰他自己的最大问题，也是困扰那一代中国人的最大问题，即中国与西方为何不同，中国如何才能完成现代化。

黄仁宇在自己的研究中特别关注一个国家的财政力量和整体动员能力。这是因为他在战争中痛切感受到了中国的动员能力是如何落后的：

> 我们还停留在明朝的条件。如果我需要一头驴来驮负重物，我必须派士兵到村落里去找村长，在枪支的威胁

下,他可能听从我们的差遣。至于邮政,要送一封信到邻近的省份,必须耗上一个月的时间。我必须慎选词汇,才能让村民听懂我说的话。

漫长的军人生涯,让他看到日本和美国这些"现代国家能运用理性化体制力量成功动员,轻易打赢战争。相反,前现代的国家普遍贫穷,国家财政税收不足,只能闭关维持;一旦落入'国际关系'中便弱点通通暴露,毫无竞争力"。

他想要明白的是,中国在明朝时期已趋近近代化,为什么内里还如此羸弱。通过对明朝政府财政的"统计"工作的研究,他发现这种羸弱根植于传统政治文化中。传统的"行政算术",不过是编造各种数据,根本无法计算,从而也就无法"在数目字上管理"。因此,"模糊的道德动员其实是当事人掩盖技术粗陋的手段"。

他把自己的学术成果概括为"大历史观"。他说:

> 首先要解释明白的则是大历史观不是单独在书本上可以看到的。尤其不仅是个人的聪明才智可以领悟获得的。我的经验,是几十年遍游各地,听到不同的解说,再因为生活的折磨和煎逼,才体现出来的。我小时候读书,很受太史公马迁的影响,满头脑充满着传奇性的希望和想法。抗战第二年,即辍学从军。……当过排长。……也去过驻印军。

因为我有了这些经验,开始立场就复杂,乃不能对一般人所作的近代史的观点雷同。况且二次来美后,囊空如洗,在餐店洗碗碟,在堆栈做小工。整日劳动后退居斗室,无人对谈,耳内嗡嗡有声。深感风卷云消后,我自己已入中年,自此学历史已有探询人生意义的趋向。这还不过是初步。以后更结识了诸多的名流,遍阅诸家著作,泛游各地。受过被裁失业、与家人一起感受经济危机和被人歧视的景况,才越来越把眼光放大,才知道个人能力有限,生命的真意义,要在历史上获得,而历史的规律性,有时在短时间尚不能看清,而须在长时间内大开眼界,才看得出来。

六

黄仁宇个人的独特经历,造就了黄仁宇作品的独特性格,也造成了黄仁宇作品的意外"走红",更让身处失业阴影中的黄仁宇的生活柳暗花明。如果不是大量的通俗性学术作品在海峡两岸赢得了源源不断的稿费,六十二岁失去"饭碗"的他可能连吃饭都成了问题。而通俗历史写作的成功,支撑了他在被辞退后能维持二十年有尊严的中产阶级生活,并且在死后让他的妻儿生活有所依靠。

听起来,这似乎又是一个学术界丑小鸭变成白天鹅的故事,结尾应该是从此黄仁宇就迎来学术的春天,赢得无数鲜花和掌声。

然而,事实并没有这么简单。普通读者可能只知道黄仁宇的盛名和其书的畅销,却不知道他在学术界受到的排斥。

学术界对黄仁宇的反应是复杂而意味深长的。"他那标注了'大历史观'称号的小中见大的史学技巧在让相当一部分人欣喜的同时也遭遇了另外一小部分人的狙击。"

朱学勤和高王凌都对黄仁宇的独特之处表示欣赏。

朱学勤说:"他是在中国出了名的历史学家当中,唯一一个进大学以前有过漫长的、非学院生涯、底层生涯的人士。而在进了大学以后,他没有把进大学以前的记忆作为包袱,而是作为财富,点石成金,他的《历史的主角:黄仁宇的大历史观》等,和他抗战的时候做过步兵参谋,在云南那种瘴气密布的丛林里作战,亲眼见证中国的西部是如何的荒僻,如何的落后,和北京、上海这些现代化据点差距有多大的这些经历都有关系。"

高王凌认同这一点:"黄仁宇的经验不但有中国的,也有西方的(如他对借贷经营金融资本一套之了解,在中国史学界无人可及);在学术上也是如此。换了别人,年轻时拿枪杆子或握锄把子的经历,又与他以后的专业何干?黄仁宇却几乎一点一滴都没有'浪费',所以他的著作读来,让人不禁心向往之。可以说,黄仁宇是时代的产物,他通过自己的专业和历史知识,把个体的人生发挥到了极致,同时为我们留下一大笔精神财富。今后我们只有不断地回味他的教诲,并对他追忆。"

然而，两岸历史学术界的大部分主流学者，对黄仁宇表示肯定的并不多。

有人对他的学术根底表示怀疑。胡文辉在一篇专门批评黄仁宇的文章《局部或有所见，大体仍属不经》中说：

> 从纯学术的角度，他对历史学及相关社会科学的知识准备仍较欠缺，对历史的体认往往先入为主，其史学实有严重欠缺，他不为美国主流学界接纳亦可以说事出有因。

有人对他的写作方式完全不认同。黄仁宇在文字表达上的强烈个性和不拘一格，他的混合散文、小说和论文风格的叙述方式，让他的作品在普通读者读来味道浓烈，软硬适度。然而，他也因此备受学术界中那些特别看重学术规范的人的批评。他的文笔在他们看来是"粗野"的，欠缺精准。他的表达方式在他们看来过于注重感觉而非理性。"对历史的体认往往先入为主，其史学实有严重欠缺。"

尤其为他们所不能接受的，是他的"大历史观"。黄仁宇很为自己的大历史观自豪，他说："大历史的概念是无意间得之，是生活经验的一部分。"他的注重"长时间、远距离、宽视野"的大历史观，迎合了那些想迅速了解中国历史全貌的读者的阅读心理。

但是在学术界看来，他的大历史观"粗糙、粗略、粗浅、粗鄙"、"严重不成熟"。正如耿立群在《黄仁宇研究资料目录》一文中指出的:"历史学者或汉学家常质疑其半路出家,学术著作不够严谨;骤然处理数百年、上千年的大历史架构,总让历史学者觉得过于冒险,将历史解释简单化。"

因此,正统学术界的主流看法是,黄仁宇的见解"局部或有所见,大体仍属不经,真正的史学价值甚微"。大陆学者认为黄仁宇是"历史学的余秋雨",而台湾学者则说黄仁宇是"历史界的琼瑶"。

台湾著名学者龚鹏程甚至说:"我读黄先生书,辄为其缺乏中国思想、文学、艺术等之常识所惊","黄先生的史学和史识是根本不能涉入任何关于哲学与文学领域中的","技仅止此,便欲纵论上下古今,可乎?"

七

除了对黄仁宇的学术思想不认可之外,中国明史学界对黄仁宇的反感,还在于他个人的性格。中国社会科学院历史所研究员、中国明史专家王春瑜在黄氏去世后写了一篇文章,名为《琐忆黄仁宇》。文中说,1988年,明史学界召开国际明史研讨会,因为一位认识黄仁宇的前辈专家的推荐,他们邀请了黄仁宇。结果,学者们惊讶地发现这个美籍学者严重缺乏一个历史学家的"风度":

在另一次讨论会上，黄仁宇发言时，说着，说着，竟跳起来，蹲在沙发上，侃侃而谈。他大概是忘了，这是在国际明史研讨会上，而不是在当年国民党的下级军官会上，或训斥国民党大兵的场所。他这样的举动，理所当然地引起与会者的反感。

明史学界反感他的另一个原因，是他在明史会议上不规规矩矩谈明史，却大谈"大历史观"：

更让人不快的是，他在发言中，不谈明史，却大谈所谓"五百年大循环"的"大历史观"，令我辈听之无味。……我说："这是在中国开会，最好只谈学术，谈明史，免得遭人非议。不能像在美国，您想说什么就说什么。"

可见他的作风与国内学界如何格格不入。

八

正是"半路出家"而又"野心勃勃"，导致了黄仁宇的毁与誉。

黄仁宇的作品当然不是没有问题，有些地方存在很严重的硬伤。但是，他的洞察力、悟性、归纳能力、综合能力、"通感"

能力是罕见的。他强烈的问题意识和勇气，他将学术成果通俗化的本领，无人能出其右。

除此之外，即使以学术圈内的严格标准去衡量，黄仁宇也是颇有一点学术分量的。他的博士论文《明代的漕运》，他获得基金支持的专著《十六世纪明代中国之财政与税收》，都是被认可的有相当水准的学术著作。学界泰斗费正清和李约瑟都对他很欣赏，特别邀请他参与《剑桥中国史》《中国科学技术史》和《明代名人传》这些重头学术著作的撰写。这都是响当当的学术履历。如果他没有写这么多通俗和半通俗的面对普通读者的历史著作，如果没有在普通读者中产生如此巨大的影响，他可能不会受到学术界如此强烈的批评。

黄仁宇的价值仍然被正统历史学界低估与苛求了。黄仁宇的遭遇，典型地体现出学术界正统对异端的排斥。这是一种故意的低估，有意气的成分在。他们甚至认为，《万历十五年》不算一部学术作品。

刘志琴说：

> 史学家们喋喋不休争议这算不算学术著作……在《万历十五年》受到读者普遍欢迎的时候，在圈内叫好的却不多，至少在80年代是如此。……可悲的是，在读者以自己的选择表现好恶倾向的时候，史学界的同人并非都能由此促进史学观念和研究方法的变革，甚至囿于成规，对《万历十五年》置以不屑。

黄仁宇评论现代学术的研究方式说："一般风格，注重分析，不注重综合。各大学执教的，都是专家，因为他们分工详尽，所以培养了无数青年学者，都戴上了显微镜的目光，对望远镜的观点，倒很少人注意；而且对学术的名目及形式，非常尊重。"

确实是这样。历史学术研究方式越来越专业化，是一个全世界范围内的趋势。随着历史学越来越专业化，历史学的"致用"价值被"科学化"所遮蔽。许纪霖说："这样的知识体制所培养的史学研究者，不再是像陈寅恪、吕思勉那样知识渊博的通人，而仅仅是匠气十足的专家。史学堕落为一门纯技术的学科，在考证史实的背后，不再有炽热的历史关怀，不再有尖锐的问题意识。不少治史者犹如'雨人'一般，除了自己那个狭而又窄的专业领域之外，在知识的其他领域（包括史学的非专业领域），显现出的是惊人的无知。"

确实，"思想淡出，学术凸显"的学风在20世纪90年代突然到来，研究者集中于细节，不再注重通史眼光，甚至有意不触及背后的整体。

而人文社会科学的"论文文化"，进一步阻断了历史成果走进社会之路。"台湾的人文社会科学逐渐从'书的文化'转变为'论文的文化'。也就是说，在自然科学强大的笼罩之下，人文及社会科学正在模仿自然科学，开始以撰写单篇论文作为他们最重要的表现研究成绩的方式……人文社会科学领域中'论文文化'的压倒性胜利，表现为学术界普遍轻视或怀疑书的严谨性和贡献度，并狂热地追逐 SSCI 或其他有指针性的学刊。学者的考绩与升等成绩表中倾向于把'期刊论文'放在最前面，而把'专书'放在比较次要的地位，或是仅仅当作参考。……（这个现象）在全世界大部分地方都已经形成重大的危机。"[1]

大陆学界在这个方面与台湾、与世界大部分地方情况一样。在这种情况下，史学和公众的关系也越来越远，枯燥无味到不少历史学者都不爱读。面对社会兴起的"历史热"，历史学界不但罕有参与，而且多抱冷嘲热讽之态度。

因此，黄仁宇虽然收获了普通读者的无数鲜花和掌声，但在学术界却是孤家寡人。"但在另一方面，即他的个人创作方面却显得很不幸运。无论是史学界和汉学界，他都没有多少可以平行、平等、平和地进行交流的同志，他应该是处在独学而无友的状态；他在一所并不出名的大学教着一门并不重要的课程；他所进行的一些学术尝试，也经常得不到多少有力的响应。"[2]

九

黄仁宇现象不是孤例。像黄仁宇这样，将学术研究成果通俗化，并且在普通读者那里受到热烈欢迎的学者，在学术界的地位往往都比较尴尬。

很多年前，我和厦门大学中文系的一位教授一起参加过一

---

[1] 王汎森：《书的危机》，《记者观察》2013 年第 6 期。
[2] 笔公：《黄仁宇的幸与不幸》，天涯论坛。

个学术会议。这位教授看起来温文尔雅、温和谦逊，但是一聊起同校一位教授，他的愤愤不平就溢于言表。说他如何如何像通俗明星那样满天飞去做讲座，如何如何没什么学术成果却住很大的别墅。说他已经引起公愤。

另一个在普通读者中具有极大影响力的学者，在他所在的单位，也似乎不那么吃香。有人评价这位学者把高深的哲学知识从学术殿堂里带到了菜市场。这句话既带有对他学术道路的评价，也带着一种调侃的意味。他的作品非常畅销，收入也很丰厚，学术圈中许多人却对此不以为然。

刘志琴说，学术界应该对为大众写作的学者更为宽容。她说：

> "黄仁宇现象"实际上是对史学界的警示，学术研究应该走出狭小天地，从面向上层和少数精英到面向非专业化的读者，实现为社会服务功能的转化。

我与戴逸先生

一

最早知道戴逸先生的名字，是1991年左右。

在那前一年，我进入东北财经大学投资经济管理系学习。我在几篇文章中都谈过，高考时因为那些年文史专业不好就业，所以我在父母的强烈建议下报了财经专业。那时的大学，是"严进宽出"，只要进了校门，将来几乎肯定可以毕业，所以学校里逃课成风。我也加入了逃课大军，只不过我没有像大多数逃课同学那样去打麻将、泡录像厅，而是坐上四路公交车，来到了白云山路的大连市图书馆。在这里我读到了一本书，叫《乾隆帝及其时代》。

上大学以前，我对历史这门学科并没有特别的兴趣。因为刻板的教科书让人提不起兴趣。在我的印象中，皇帝只是一个政治上的反动符号，所谓"地主阶级的总头目"而已，或昏或暴，总之，没有好东西。

但是戴逸先生的《乾隆帝及其时代》所展示的乾隆皇帝却

并非如此。这本书中的乾隆和我们每个人一样，有雄心、有欲望、有成功、有失败，也有纠结，是一个有温度的活生生的人。不但乾隆的性格极其复杂，通过他的一生呈现出的清代历史，也远比我了解的立体和多面。这本书让我意识到，历史绝不是枯燥的，而是非常生动有趣的，并且与今天的时代密切相关。

这本书和《万历十五年》《草原帝国》等书一起，成了我的历史启蒙，也让我记住了戴逸这个名字。

二

大学毕业之后，我顺理成章地进入中国建设银行葫芦岛市分行工作，在闲暇时间悄悄地在电脑上写一些与历史有关的所谓"文化散文"。大学时期的阅读奠定了我一生的兴趣方向，后来我出版了几本历史方面的书，我的历史写作也从一开始的仅仅出于对人性的关注，渐渐转向了学术。

2009年的某一天，我接到国家清史纂修委员会一位工作人员的电话，说是戴逸先生在《北京青年报》上看到我的一篇文章，叫《给晚清重臣曾国藩算算账》，是写曾国藩的经济生活的。戴老师很喜欢，问能不能收到一本叫《清史参考》的刊物里。

我当然表示同意，自己写的短文居然能得到自己"私淑"戴逸老师的肯定，这让我难免有一点小小的激动。恰好当时我在报考复旦大学葛剑雄老师的博士研究生，因为是"破格"，所以需要几封专家学者的推荐信。身处偏僻小城与学术界从无交往的我正愁于此事，遂请工作人员问一下戴老师，能否为我写一封。

这个要求提得有点冒昧，但是工作人员转告我说，戴老师欣然答应了，几天之后一封推荐信寄到了复旦。推荐信中，戴老师说他读过我的一篇文章，认为这篇文章反映出我有一定的学术潜力，因此加以推荐云云。这封信帮助我顺利地完成了入学程序。

三

读博之时我已经调入了一所大学，并且获得了高级职称，所以读博对我来说，确实仅仅是出于兴趣考虑。博士毕业后，因为地方大学图书馆藏书很少，学术资源不足，也缺乏可以经常请益交流的师友，所以我又选择到清华大学历史系做了一届博士后。

做博士后仍然面临着一个出站后何去何从的问题。我对历史的主要兴趣集中在清代，而人大清史所是清史研究的重镇，戴逸老师是清史所的原所长。如果能到这里工作，当然是最好的选择。

然而我知道这件事情很难。一则像人大这样的名校，进人通常是以"海归名校"的毕业生为标准；二则我学历史算是"半路出家"，虽然出版过一些作品，在普通读者中有一点点影响,但毕竟细分起来,大多数作品并非学术体裁,要被归入所谓的"通俗史学"。

怎么办呢?我灵机一动,给戴逸老师写了一封信,并且附上我近期的两部作品,问他能不能帮我引荐一下。

写这封信纯粹是基于试试看的想法。因为在此之前,我和戴老师从来没有见过面,甚至没有直接通过电话,对戴老师的为人处世风格其实毫无了解。戴老这一年已经八十八岁高龄,正在主持国家清史工程,可以想象会如何诸务缠身,不见得有时间、精力和兴趣管这个事。毕竟推荐工作,不像写封推荐信,不是小事。特别是我寄过去的两本书,都是通俗史学作品。一般史学专业的人翻开这类书,可能发现没有注解之后,通常就会扔到一边了。所以虽然犹豫一下后把信发了出去,但我其实并未寄太大希望。

四

几天之后。一天下午,我正在三联书店看书,手机突然响了。我接起电话,居然是戴逸老师:"你是张宏杰同志吗?我是戴逸啊!"

我非常意外,连忙说:"戴老师,您好!"

戴老师开门见山地说:"我看到你的信了,也看了你的书。你说的工作的事,我可以帮忙。你能不能哪天抽时间到我家里来一趟,我们当面谈一下这个事。"

第二天下午三点半,我如约到戴老师家拜访。

戴老师在电话里说他住在张自忠路段祺瑞执政府一侧的一个院子,院门是一个红色大门。听了这话,我还以为是一座民国的别墅或者清代的老四合院,红色大门上应该门钉密布,进去之后应该花木扶疏。毕竟戴老是学术界的"大佬",享受"部级待遇"的人。

然而事实与我的想象大相径庭。从古色古香的段祺瑞执政府拐过去,是几排新中国成立后盖的红砖平房。所谓红色大门也不过是一个红漆铁门。附近可能正在兴建什么工程,大门对面是一个又脏又乱的建筑垃圾堆,整个环境毫无高大上的感觉。

推开院门,家里只有戴老师和保姆两个人。戴老师从里屋走了出来,身上没一点我想象的官气和学术大佬气,完全是一个谦逊和蔼的老人。和照片一样,长长的白色眉毛下面一双笑眼,满脸笑容和我握手,把我让进书房。

书房很小,也就十平方米,几乎没有任何装修,也没有什么书画古玩之类的陈设,只是一张普通的旧办公桌,两把椅子而已。书桌上堆满了一沓沓的资料。房间里非常闷热,戴老师说,今天停电了。

这个居住条件,和我想象的"文化大佬"的生活起居相差太远了。

戴老师很客气地说:"今天你来我很高兴。我还记得你那篇写曾国藩的经济生活的文章,写得很细致的。"

我当然客气了几句。我说我的作品，按学术界的评价标准可能并不规范，属于"野狐禅"。

戴老师说："我知道。我觉得人才不必拘于一格。我认为文史不分家嘛，这是中国史学的一个好传统。其实老一代的学者，包括胡适，都是通才，作品既是史学，又很好读，这个传统我们不应该中断。我看了你的书，虽然写法上很轻松活泼，但是能看得出，史实你都是经过严格考证的，而且写作态度比较实事求是，实际上是严肃的史学。"

戴老师说："我十多年没有给人推荐工作了。但是你的事我想管，我准备专门去找一次人大的校长。我要告诉他，这个人水平不错，来了不会给你们丢脸，肯定会给你们增光。"

我当然连表感谢。毕竟我已经人到中年，也经历过一些世事，知道现在这个时代，说话办事方式像戴老师这样简单、朴素、直接的，并不多见。

五

虽然戴老师很有信心，但是事情的程序还是比我们想象的要复杂些，毕竟今天大学的管理方式和戴老师当所长的20世纪八九十年代已经完全不同。

戴老师先是给校长写了封推荐信，这封信后来戴老师给我看过，很长，是用典雅的文言文写就的，看得出花了不少心思和时间。信尾说："美玉在璞，不掩其光。宝剑入鞘，不损其锋。

乞请给与鹪鹩一枝，使有安身之所。……爱才心切，人同此心，心同此理。为学校揽人才，为学科求发展，故不避嫌忌，冒昧进言。"

推荐信转给校长之后，戴老师又不放心，专程到人大找了一次校长，面谈此事。戴老师说，校长很热情，答应了这件事。所以戴老师事后打电话给我，告诉我应该没有问题了。

但是，按照工作程序，这件事还是要进行多个环节的层层审核，主要是因为我发表的论文过少，出版的作品体裁又不规范，与现在的学术成果评定标准确实方枘圆凿。特别是恰逢北京市严格控制人口，留京指标比往年大幅减少，因此高校进人的标准就更加严格。我自己倒没有怎么太着急，戴老师却比我还着急，在其中一个环节，他甚至把评委们请到家里，当面详细解释为什么要推荐我。

这些过程，戴老师都没有告诉过我，后来我是从相关人员那里知道的。在办理过程中，我从来没有给戴老师打电话催过此事，因为我怕老人着急。倒是戴老师两次给我打来电话，告诉我事情正在办理中，不要着急。

现在想来，如果早知道这个事需要让已近九十高龄又体弱多病诸务缠身的老人花费如此多的精力，我根本就不会对他提。好在在历史学院院长的不懈推动下，我终于完成了一个个流程。回顾整个过程，戴老师真是"自寻烦恼"。在如此高龄，为了一个素不相识的人耗费如此多的心力，对他来讲没有任何现实利益的考虑：他已经桃李满天下，门墙之下并不需要多列一个初入史学之门的人，他的费心费力，仅仅基于他对我的作品的一点欣赏。

从根本上说，戴老这一代人仍然是理想主义者。虽然一生经历曲折，但是他们人格中青年时代留下的理想主义的光明底色一直鲜明存在，永远保持着今天已经十分稀缺的那份单纯、真诚和古道热肠，这确实是我的幸运。

后来我在一篇文章中读到，戴逸老师热心助人，以前也常有其例。戴老是江苏常熟人，著名的瞿氏藏书楼铁琴铜剑楼也在常熟。民国时期，日本人曾觊觎铁琴铜剑楼的藏书，曾提出高价购买，被瞿家严词拒绝。1949年后，瞿家主动将藏书无偿地捐献给了北京图书馆。"文革"结束不久，戴老回常熟探亲，却发现瞿家的遗属，一位老太太生活非常困难，靠着自来水卖水牌度日，他深感不是滋味。回到北京后，他辗转向当时任中央统战部部长的乌兰夫反映情况，国家因此每月发给瞿家老太太40元生活补助费。若干年后，物价上涨数倍，戴逸又向北图馆长任继愈先生求助。北图因此每月补助400元，直至老太太辞世。这样的事情，戴老做了不止一件。

六

认识了戴老以后，我到他家去过几次请教交流，每次戴老都会谈及一些学术问题，我因此也深受教益。

我对戴老说起自己当初报考财经专业的原因。我说，因为时代的氛围，现在第一流的人才选择史学不多，更多人都选择了更为热门的财经之类的方向。戴老也深以为忧，认为这对史学的前途肯定有影响。所以，怎么吸引更多更有才华的人来研究历史，是他经常思考的问题。他说他之所以要全力把我推荐到清史所，就是为这个学科"储备人才"。

戴老师说："我们网罗史学人才，其实门可以放得更宽一些，不必一定要科班出身。我自己一开始也没有进历史这个科班。"原来戴老从小就对文史感兴趣，但考大学的时候正值抗战后期，没有多少大学可选，因此只好选择了他不太喜欢的铁路管理这个专业。后来抗战胜利，他才重新考上了自己喜欢的北大历史系。我从自己不喜欢的财经专业转入史学，过程和戴老有点相似，我想这也许是戴老愿意帮助我的原因之一吧！

戴老认为，史学人才更需不拘一格。他的一些学生，就是不那么"标准"的人才，比如现在著名的清史专家翁飞，当年考戴老博士的时候，外语成绩不太好，戴老也是向学校申请了特招权破格招收了他。戴老在清史所的时候，还把历史小说作家凌力从工厂调进所里。戴老师说，把凌力调进去后，曾经有过很多非议，但是他一直认为历史不是一门冷冰冰的学问，史学工作者也可以从文学工作者的想象力中获得灵感和启发。

戴老师说，历史学者应该是通才。现在的高校文科专业分得太细。1949年前的北大没有那么多文科专业，就是历史、哲学、文学三样。要成为一个真正的"历史学家"，不能只看到、只研究自己鼻子底下的一点事，不能只局限在自己的学科，要对哲学、经济学、政治学等方面都感兴趣，这样才能对历史有一种宏观的、全局性的眼光。因为历史本身是一个有机的联系在一起的完整过程，其中的每一件事都不是孤立的。"不识庐山真面目，只缘身在此山中"，苏东坡这句诗是非常有哲理的。一个历史事实，只有站远一点距离，多选几个角度，才能看得更清楚。具体到清史，也是分块比较严重，通观把清史作为一个整体研究的少。因此清史作为一个学科，在幼年阶段，还没成为一个真正的学科。

清史研究中的一个谜案——雍正继位，戴老认为应该是篡位。因为雍正即位后大肆销毁记录，杀掉康熙身边的近侍赵昌，起用张廷玉全面细致地修改档案。不过后来还是有几件满文档案漏网了，因此能够看出蛛丝马迹。戴老认为，乾隆后来厌恶张廷玉就与此有关。此外，雍正选择不与父亲葬在一起，不住康熙常住的畅春园，不去避暑山庄，都是因为不敢面对父亲的亡灵。不过，这个问题，在没有更有力的新材料出现之前，肯定还要继续争论下去。但是，要解开这个谜案，就需要具有人情事理方面的洞察力，特别是要有心理学方面的常识。

戴老自己的作品，就是对这番话的注解。他的《乾隆帝及其时代》，就是一部视野宏阔的从政治、经济、文化甚至心理多个角度综合解读乾隆的作品，通过乾隆的性格、才能、爱好和心态，来分析乾隆朝的政治动因，又把乾隆时代放到世界历史大背景中，让我们更加清楚地看到乾隆统治的成就和局限。特别是其中关于乾隆早年、中年、晚年心态的转变，分析得非常透彻，到今天读来仍然非常精彩。

七

几乎每一次去戴老师家，我们都会聊起清史工程的进展。

戴老师的书桌上永远都摆满了清史的稿子。第一次去他家的时候，他拿了几本《通纪》《传记》的稿子给我看。我发现很多页里都夹着纸签，打开这些页，上面都有戴老师亲笔修改的内容。有的是整段删去，有的是推敲字句，推敲得非常仔细，比如把"腐化"改成"败坏"等。

清史工程是一个巨型的工程，参与的学者遍及全国。戴老要确定清史的整体结构布局，还要统一协调很多事务上的事，千头万绪。在他的建议下，清史创立了很多二十四史没有的新的传记内容。比如，他创立了诸艺传，其中包括著名的相声演员侯宝林的师父。比如，同仁堂等这些有名的店铺，也要立传。但是这些传记往往不好写，需要史学界之外的人来参与，再如，要考证出侯宝林的师父到底是谁，就要找相声界的人写。

除了整体协调外，具体的工作成果，更需要他一个人来统合，这项工作更为沉重。

戴老师说，他最担心的就是质量问题。因为质量问题，他成天忧心忡忡。他经常指着稿子对我说，这本是谁谁写的，写得不错；那本是谁谁写的，问题太多。写这篇文章时，戴老已经八十九周岁，因为工作劳累，一年前患上了带状疱疹（中医叫缠腰龙），因为年老体弱，迟迟不愈，时常疼痛，但是他每天要伏案工作七个小时。除了下一两盘围棋之外，他生活中几乎没有其他娱乐。可以说，他对清史，确实做到了"鞠躬尽瘁"。

戴逸先生与清史工程

听到戴逸先生去世的消息，并不是特别意外，因为经常能从他的家人那里了解到一些戴老在医院的情况。但是消息传来的那一刻，还是感觉世界的颜色突然变了：那个真诚地关心着我的老人，永远不在了。

回想戴老这一生，其实是相当圆满的：从家庭来说，他儿孙满堂，孩子孝顺，晚年把他照顾得很好，让他得享高寿；从人生来说，他一生有过低谷但是有惊无险，在人生的后半程登上了辉煌的高峰。特别幸运的是，他找到了最适合自己的事业（他最早考上了上海交通大学铁路管理系，1946年重新考入北京大学历史系），在一个历史学家最好的年龄产出了一系列高质量的学术产品，到了晚年又做了最想做的事：修清史。

戴老的一生是围绕着清史展开的。在2002年之前，他的学术生涯可以说是在为清史工程做准备。他的学术生涯从治清史开始。1958年出版的《中国近代史稿》第一卷的内容就是晚清史。1965年，有些部门拟意在中国人民大学成立清史研究所,由戴逸老师等7人担任《清史》编纂委员会委员,因时代风波,计划夭折。1978年,人民大学复校,清史研究所正式成立,戴逸先生被任命为所长,他用7年时间主编了《简明清史》,成为清史工程的序章。接下来又陆续写作和主编了《清代中国边疆开发研究》《乾隆帝及其时代》《18世纪的中国与世界》等为修"大清史"做奠基工作的其他相关著作。写作和主编每一部作品,戴老心中都在想着"大清史"。我曾经和戴老聊到他的《乾隆帝及其时代》。我说,这本书是我喜欢上历史的入门书之一。他说:"我曾经想给乾隆写一本系统的传记,为此我花两年多时间通读了实录,包括乾隆的4万多首诗,记了这么厚的卡片。"说着,他张开双臂比画了一下。我问那为什么后来没有写。他说:"我估量了一下,写一本完整的传记,耗时太多,影响我做其他的事。毕竟乾隆只是清代的皇帝之一,我不能在他身上花太多时间。"戴老心中一直在为"大清史"作规划,他不能因为局部而影响整体。

戴逸先生是那一代有着强烈家国情怀、以经世致用为目的的读书人的代表。他成长在日本入侵、家国破碎的时代,他读书,目的是挽救国家危亡;他写史,目的是推动国家更好地发展。他说:"历史学虽然以过去作为研究对象,但是和现实密切相关,因为今天是昨天的延伸,要更好地理解今天,更有效地改造现实,就必须懂得过去、懂得历史。一个国家,一个民族,如果忘记了自己的过去,就必定不能把握今天和未来,从这个意义上说,历史学是十分重要的。"

2002年开始,他终于等到了主持清史工程。他说:"读的书能够用于修史,为国家尽这个力量。这是极为难得的机会,人的一生很难遇到这样的机会。"

他确实是主持这项工作的最佳人选。他头脑敏锐,一直到九十多岁还关注学术最前沿。他为人宽厚谦和,能包容各方面的人才,能虚心听取不同的意见。他有理工科背景,视野开阔,对不同学科都有高度敏感性。他注意把中国史放到世界史背景下来观察。"中国是世界的一部分,只有把中国放在世界的坐标系中,才能认识中国的真实地位和状态。"他主编的《18世纪的中国与世界》丛书,开创了对18世纪这一重要而独特历史时期进行中外比较研究的先例。他继承古代文、史、哲不分家的传统,在他看来,"历史的陈述既是真实的,即忠于客观事实,又是思辨的,即富于哲理性探讨,还应该是艺术的,即能给人以美的享受"。他认为历史的真实性是一切的基础,在他看来,"科学研究的任务是追求真理,阐明规律。真实性是历史科学的生命线,离开真实性,历史科学就会枯萎死亡,不能为着眼前的需要而牺牲真实性。中国的历史学有一个优秀传统,即'秉笔直书',要提倡秉笔直书的史德,实事求是地撰写历史,评价历史人物"。他始终强调:"历史学家要有清醒的头脑,应当有坚持真理的勇气,应当有无愧于历史学家称号的史德。"[1]

他为清史工程定位,是一定要修成一部站在时代最前沿的

---

[1] 黄爱平:《把自己的学术生命与清史事业融为一体——戴逸先生的学术思想与学术贡献》,《光明日报》2024年2月26日。

著作。这本书的体例，既延续二十四史的传统，又本着现代史学的科学精神，在体例上前无古人。整个晚年，他都沉浸在这项工作中。我印象中，每一次去拜访戴逸先生，他都在改清史工程的稿子，从无例外。

2014年，我第一次到他段祺瑞执政府附近的家中拜访，那一年他八十八岁。他的书房没有其他文化人家中常见的文玩摆设，也没有什么花花草草，书架上全是清史相关书籍，书桌上摊着一本打印出来的清史工程的书稿，上面密密麻麻地写着他的修改意见。

聊起清史工程，他说，整个工程计划出100本左右的书，每本30多万字，加一起3000多万字，和整部二十四史体量差不多。参与的学者遍及全国。

说着，他颤巍巍地站起身来，走到隔壁的餐厅，餐桌边上立着几个简易的钢结构书架，上面堆满了打印装订好的书稿。他挑了几本《通纪》《传记》的稿子，拿进书房里来，给我讲他是怎么工作的。书稿里夹着很多纸签，打开这些夹着纸签的书页，上面都有戴老师亲笔修改的内容。有的是整段删去，有的是推敲字句，推敲得非常仔细，比如把"腐化"改成"败坏"，等等。

戴老师说，所有重要的内容，比如《通纪》和《传记》，他都是从头到尾一个字一个字地细细看过，几乎每一篇都改过。少则改了几十个字，有的是几千个字。最多的一本书，他改了两三万字。

2015年，我第二次到戴老家中拜访，八十九岁的他因为工作劳累，患上了带状疱疹，因为年老体弱，迟迟不愈，时常疼痛。但是他的书桌上仍然摊着几本清史工程的稿子。他平时不练书法，不看电视，因为腿脚不好也不能出门散步。除了偶尔和小儿子下一盘围棋之外，他的生活中没有任何其他娱乐，全部时间和精力，都放在工作上，每天早上八点开始，他雷打不动地摊开书稿，在如此高龄，每天仍然要伏案工作七八个小时。他的长子戴寅说："每天都是吭哧吭哧地在看稿子。"

戴寅说，戴老看书有一个特点，周围发生别的事情他都看不见、听不见，你要大声叫他的话，他会吓一跳。小的时候有一次他们几个男孩拿着棍子大呼小叫地打仗，一直打到书房里，结果戴老毫无反应，既看不见也听不见，如同身边有一个无形的屏障挡住了所有信息一样。小孩子们打了半天才发现父亲在工作，赶紧又跑出去了。

戴老说，之所以必须每天工作，是因为清史工程体量太大。因为是集体工程，每部分都是由不同人所写，所以不仅质量参差不齐，内容上也有很多不统一的地方，需要由他来核对整理统一。从大处到细节，都要前后一致。从细节说，比如，所有提到努尔哈赤的地方，他都改成努尔哈齐。戴老师说，努尔哈赤的两个弟弟，最后一个字都叫"齐"。翻译成"赤"，是明朝的翻译法，还是要统一成"齐"比较好。从大的方面说，一些基本的史实要统一。又如，《通纪》中关于皇太极继位过程的部分，这个皇位到底是不是从多尔衮手中夺过来的，与《皇太极传》的写法不同。戴老召集相关人员会议，最后还是认为应该采用《通纪》的说法。

2016年10月，戴老九十岁了，得了一次小中风。我到医院去看他，戴老躺在病床上，身边仍然放着一沓稿子，心情显得很不好，原来是在为《传记》部分和《典志》部分重复内容的取舍而操心。

他始终在焦虑质量问题，要留下一部对得起后人的作品。有一次，我去看他，他问我了不了解谁在中外关系史上的研究比较前沿，因为这部分需要完善。他说："质量就是生命。"他最担心的就是质量问题，成天忧心忡忡。他经常指着稿子对我说，这本是谁谁写的，写得不错；那本是谁谁写的，问题太多，想修改到满意的程度，很难。我说，张廷玉编《明史》，也没有您这样累呀。他说是啊，张廷玉是挂名的，他哪有时间这样一本本地改。《明史》修了90年，我们这才十多年。

2021年10月，我去看望戴老，这一年他九十五岁，头脑还很清楚，只是听力退化得更厉害了。他说现在记忆力很差，有时候，十分钟以前的事，现在就忘了。即使如此，他每天仍然工作六个小时。他一直在焦虑这部书的出版进度，说现在既然不能确定出版时间，正好可以继续修改完善。

这是我最后一次见到戴老。疫情管控放开之后，我第一时间问他的儿子戴玮戴老身体怎么样，有没有染上新冠，需不需要布洛芬之类的药。戴玮说，戴老已经在医院里，阳了。

这次入院，戴老没能再出来，因为肺部感染，迟迟不愈。

2023年8月，戴玮说，老爷子现在情况不太好，头脑一阵清楚一阵糊涂，但是只要清楚，就要操心工作的事，怎么劝都不行。

戴玮说，戴老修大清史遇到过无数的困难，但是他就是坚韧，不服输，有一种要把这件事进行到底的那种决绝。因为担心他的身体，所以戴玮总劝他少工作一点，为此父子两个经常发生争执。有一次竟在家里头吵起来，戴老说，我死也要死在这上头！戴玮后来不再劝了，他说，我也想明白了，这就是他的宿命。老爷子真的是准备死在这上头，就如同战士死在战场上。死在这上头，他的人生才真正完整。

正如戴逸先生亲笔所写的那样："清史是我的专业，我将毕生的精力贡献给它，可说是寝于斯，食于斯，学于斯，行于斯。清史是我的理念之归宿，精神之依托，生命之安宅。"在2019年的一次采访中，他说，要铸造干将、莫邪这样的好剑，需要有人跳到火炉里面。如果清史工程需要的话，我有决心，愿意做这样一个跳进去的人，让这把剑炼得更好。

我所知道的葛剑雄老师

一

2008年,我第一次听说复旦大学的博士生自主招生制度。

早在建行葫芦岛分行做职员时,我就动过读博的念头。因为彼时我已经从事历史写作,每写一个历史人物,就要跑北京国家图书馆一次,往返很不方便。如能读博,则有师友可以请益,有图书馆可以利用,实在方便多了。但是,因为以前上学时已经被应试教育伤透了,实在不想为外语和政治考试花太多时间,所以这个念头迟迟没能付诸实行。

听说博士也可以自主招生,我很兴奋。我一向很喜欢的葛剑雄老师就是复旦的教授。在电视上看他的讲座,风度蔼然,学术严谨。而《统一与分裂》等作品,渊深海阔,文笔灿烂。以他的学术地位,应该可以自主招生吧?

可是怎么才能联系上他呢?

对了,他在《百家讲坛》讲过课。

于是打电话给当时在央视工作的朋友,让她帮我联系。她给葛老师打电话说:"我认识一个人,想读您的博士,我认为他东西写得挺好的,要不我让他给您寄一本书您先看看。"

朋友说葛老师特别谦和,说:"好的好的,可以可以。"

寄走书后半个月,我给葛老师打了个电话。葛老师说:"我同意你来读我的博士。"

这么痛快的答复,出人意料。那时我还没有见过葛老师。

二

第一次见到葛老师,是趁到上海出差的机会前去拜访的。

葛老师家在上海南郊的一片别墅区。一座三层独立别墅,葛老师在楼下种了两棵果树,还种了些青菜。

这居住环境听起来很高大上,其实当初这栋别墅才花了七十万元。因为此地比较偏远,所以这个楼盘当时迟迟卖不动。葛老师为了实现自己的"书房梦",才买下了这幢房子。整个三楼都是他的书房,书架、桌椅都是他自己设计的,简洁而实用。

葛老师满面笑容地站在门口等我。握手,进屋。我发现他比我想象中的矮一些,不过一米六五的样子,而且还有点驼背。但是相对于他六十三岁的年纪,他的身材保持得很好,没有肚腩。虽然刚刚动过肠息肉手术,但是气色不错。葛老师说,他的体重,从四十岁之后就没有变过,这得益于游泳。他每星期都要游一到两次,只要可能,就从不间断。

聊了一些学术界的现状后,葛老师向我介绍了自主招生考试的大致要求，嘱咐我回去读哪些书。第一次见面不到一个小时。这其实是葛老师在笔试前对我进行的一次面试。

三

进入复旦前，按程序，还要参加一次和其他报考者共同进行的正式面试。方式是葛老师出题，大家自由回答。葛老师出的第一个题目，是当时菲律宾正以国内立法的方式争夺我们的南沙，问我们对此有什么看法，第二个题目是外国侵略军火烧圆明园的直接原因是什么？

第二个问题，大部分人都没回答上来。这样的题目，是典型的葛老师的风格。他不喜欢"两耳不闻窗外事，一心只读圣贤书"的应试教育能手。进入葛门之后，我发现，葛老师招生，真的是"有教无类"，没有任何专业限制。很多报考的学生，都是历史地理学专业之外，甚至是历史学专业之外的。我的同门里，除了我是学财经的，还有学数学的，学社会学的，学政治的，学中文的，学建筑的，学新闻的，甚至还有学化学的（而且有两个）。他招生，只有两类人不招：一是不招官员；二是不招商界人士。确实，后来我们师门聚会，我发现，他带的学生，没有从政的，也没有从商的，大家都在老老实实做学问、做业务。

面试结束，葛老师说："大家都知道，昨天本来要面试的，因为我有事，所以推迟到今天。那么你们多住了一天，花了住宿费,另外谁退票发生了费用,都给我,我来负责报销。大家不必客气,我有这笔经费的。"

这是典型的葛老师的做事方式。

四

读博头两年,葛老师只开了一门课——"历史地理理论与方法"。

以学校教育的要求来衡量,我一直不是"好学生"。至少从初中开始,我就养成了不好好听讲的毛病。我总是用一只耳朵听着老师讲课,同时在下面按自己的进度看书。其原因,当然是感觉大部分老师讲得太啰唆、水分太多,或者进度太慢(其实葛老师也这样。他后来回忆说,他上中学时学习进度比别人快,数学老师特别批准他上课时可以不听讲,看自己的书)。

但是上葛老师的课,我基本没走过神儿。

葛老师真是会讲课。"历史地理理论与方法"这样的课,内容其实是非常枯燥的,他却能讲得非常吸引人。

他讲课没有稿子,没有课件,时而站在讲台上,时而踱到讲台下,不看一眼教案,讲课如行云流水一般。他总是以具体事例来阐述理论,所讲事例,都生动鲜活。比如,谈到地理环境与人的性格关系的时候,葛老师聊到了20世纪80年代他第一次到湖南时的感受。他说:"湖南人的性格确实是很强势的,我在湖南,印象深的有三点:一是湖南人说话声音都很高亢;

二是湖南人上公交车,带着伞,那伞尖都对着别人,不管不顾的;三是学生上街举行活动,开始时都放鞭炮,而且以放鞭炮为信号。"

这样一讲,大家对湖南民风,马上有了直观的了解。

葛老师安排课的方式也与众不同。他总是一次上掉整整三次的课,从下午一点半讲到晚上八点钟。中间只有晚饭时间休息一个多小时。六十六岁的人,如此"高效率",不得不佩服他的精力。

五

课堂上收获不少,但我们在业余时间从葛老师身上学到的东西,比课堂上的还要多。

有一位外校老师对我说,你们葛老师有一绝:吃饭时,他说的话最多,也最精彩,但吃得也最多。吃饭从来不耽搁他滔滔不绝。

确实,每次吃饭,都是向葛老师请教的大好时机,当然,不只是请教历史地理学,甚至不只是学术。学术界说葛老师是"通人",就是说,他兴趣和涉猎面极广,打通了各种学术领域,也打通了学术与现实社会之间的障壁。确实,每次吃饭都会听他聊到一些新鲜事,发表很多新鲜的观点,让你对国家和世界有更多、更深的了解。

葛老师走过世界许多国家和地区(还到过南极和北极),

所以谈起域外见闻，更令学生们感到新鲜。他曾经访问利比亚，并受到官方正式接待。他描述在利比亚的感受，他说，去过利比亚的人都能感觉到，卡扎菲当时的政治布局明显是要传位给自己的儿子。他问接待者是不是这样，接待者说，继承人要从人民中用民主方式选出，因为卡扎菲的儿子也是人民，所以当然可以被选，不过卡扎菲的儿子确实很杰出，人民很爱戴云云。他绘声绘色的讲述让人听了不禁莞尔。

葛老师讲过的许多现象，或多或少修正了我们这些学生头脑中的"常识"。比如他说，智利的皮诺切特饱受诟病，其实到了智利才发现，很多人很怀念他，认为他做了许多实事，比后来的那些夸夸其谈的总统强。韩国的朴正熙也是如此。朴正熙当政时，给每个农户提供免费燃气，不让他们上山砍柴，结果韩国森林覆盖率大幅上升。柬埔寨人支持洪森，理由也是洪森是一个做实事的政治家。

葛老师还结合对世界政治的观察，谈过一个令我印象深刻的观点：任期制只有与选举制结合起来才有意义。就好比车轮只有和车身结合起来，才能载物。否则，年轻化，什么化，都产生不了太多正面效果。每任官员都是为了迅速干出政绩升迁走，对本地长远发展甚至三五年后的发展都根本不予考虑。这也是孙立平所说"只看眼前"的原因。

六

除了知识方面，其他方面，我们从葛老师身上学到的更多。

我总结葛老师身上有三个特点。第一个就是超乎常人的精力充沛和勤奋。葛老师不用手机，和他联系最方便的方式就是邮箱。可以想见像葛老师这样有着诸多身份、参与众多领域活动的人，每天收到的邮件数量之大。但是，无论你什么时候给他去邮件，第二天醒来肯定都会收到他的回复，邮件上显示的时间，经常是夜里十二点，甚至凌晨一两点左右。而地点，多是在出差地的宾馆里。

他说，他经常是一点以后睡觉，六七点起床，每天只睡五六个小时。从早上起来，就是不停地工作：做研究，写文章，处理日常公务（那时他还是复旦大学图书馆馆长），演讲，参加会议，接受采访……午休吃饭时间他也不休息，那正是他滔滔不绝、高谈阔论的时候。在飞机或者高铁上，他更是不休息，那正是他不受打扰在笔记本上写作的良好时机。

某年"两会"期间，我到他的住地——北京国际饭店去看他。因为安保严密，他到大堂门口来接我。从大堂门口到电梯边，他走了半个小时，因为有四拨儿媒体记者好不容易抓住他现身的机会，对他进行采访，他边走边说，回答完了三个人的问题，还有一个记者没有完成任务，又跟着葛老师进了房间，聊了二十分钟。在这二十分钟内，又有三个电话打到房间内，或者是短暂的采访，或者预约采访的时间。

等这些人都走后,葛老师说,"两会"期间,从早上睁开眼睛,到晚上睡觉前,没有一分钟休息时间。

除了超人的精力外,葛老师的毅力、自我规划管理能力,也是工作能如此高效的重要原因。

七

葛老师之所以如此繁忙,与他的第二个特点有关,那就是"好说话"。

葛老师频繁地、大量地接受媒体采访,其实完全是一种对社会的付出,因为采访机构并不付他任何费用,却占用了他大量时间。如果你说,他是需要借助媒体表达他的观点,那只要挑些重点媒体就足够了。但事实是,媒体不论大小,只要找到他,他都会耐心接待,一视同仁。对这些大部分年龄二十多岁的刚刚走出大学校门的年轻记者,他没有任何架子,从无任何轻慢之色,对任何问题,包括一些比较幼稚的问题都耐心回答。这自然耗费了他大量的时间和精力。

对于社会上的讲座邀请,不论是大机构的,还是小地方的,不论付不付费,他只要有时间,都会一视同仁。前年去湖南教育频道录制一个节目,制片人闲聊时说到,有一次给北京某著名教授打电话,教授根本不问他是谁,哪个电视台,什么节目,张口就说:"我到外地讲课费一次十万起,你们承担得了吗?"制片人一噎嚅,对方就挂了电话。葛老师的原则却是,不论对方地方大小，层次高低，只要是第一次邀请，他基本都会认真考虑。至于讲课费多少，他从来事先不问。著名乃至知名学者当中，像他这样"好说话"的人，我没见过第二人。

八

葛老师这样"好说话"，自然给他添了不少麻烦。我自己，就给他添了很多麻烦。

虽然葛老师痛快地答应了招我做博士生，但是在学校研究生院那里却遇到了障碍。因为我没有硕士学位，也不想弄一个假的"同等学力证明"。葛老师专门找了研究生院领导沟通此事。最终研究生院同意破格，以几位在学术界有较高声望的人写的推荐信来代替"同等学力证明"（于是我分别联系了戴逸、王学泰、樊树志、雷颐、张鸣五位教授。这些老师，我没有过任何私人交往，好在联系之后，他们都表示对我有所了解，几日之内，五封推荐信就寄到了复旦。此事至今令我铭感）。

选课的时候也遇到了一点麻烦。按学校规定，我需要选三门历史地理学方面的专业课。其中一门应该是张伟然老师的课。张老师的课我是非常喜欢，也计划好了要去听，但问题是我因为是以在职身份读博，中间需要几次回本学校，可能会耽误几次课，而张老师对学生出勤率要求一向很严，我怕因此弄得不愉快，所以最好还是选择旁听。这个理由本来是上不了台面的，但是我和葛老师说了之后，他表示非常理解，并亲自找到所里办公室的教学秘书。葛老师低声下气费力争取了半天，最后差点动了怒，所里终于同意我可以不选张伟然老师的课，以综合实习代替。

在博士论文选题上，葛老师更是通情达理，为我突破成例。本来，身在史地所读博，论文内容自然应该是历史地理方面。无奈我的个人兴趣和积累最深的，还是在历史人物上。经过和葛老师交流，葛老师痛快地答应我写《曾国藩京官时期的经济生活》。葛老师说："只有你感兴趣，才能写得好。至于答辩时可能会遇到麻烦，我给你向学校去争取，我认为是能争取通过的，因为你读的毕竟是'历史学博士'，而不是'历史地理学博士'嘛。"

葛老师的这次"通融"，扫除了我读博路上的最大障碍，让我能兴趣盎然、毫不痛苦地完成博士论文写作。

在我的印象中，我求葛老师的事情，他基本没有拒绝过。这一方面说明我非常过分的要求不多，另一方面更说明葛老师非常善于设身处地为他人着想，乐于牺牲自己的时间精力，去为他人争取利益。

九

但是，如果你从葛老师的"好说话"，进一步理解为葛老师是"老好人"，那可就大错特错了。因为葛老师性格的第三个特点是"心直口快"。社会上都知道，葛老师的外号叫"葛大炮"。

毕业之后，有一次和纪录片制作人夏骏聊天。他说认识葛老师，并且讲了一个逸事：葛老师年轻时做过片儿警，因为他脾气暴，敢管事，那一片儿的小偷都怕他，那时他就叫"葛大炮"。这个事我没找葛老师求证过。

我记得葛老师说过一件事。他们教师代表团访问埃及。那时埃及政府机构非常腐败，他们过境时，埃及海关要他们每辆车付八千美元"活动经费"，否则不予通过。其他团员面面相觑，葛老师却勃然大怒，大发脾气："你们想要干什么，我是你们部长请来的，我马上给你们部长打电话！"没想到一怒之下，海关态度马上就变好了，让他们顺利过关。

葛老师处理社会事务，有一个不变的原则：坦诚，有什么说什么。十几年前，葛老师的一个学生毕业，想到某著名的出版社工作。出版社特意派人到复旦找葛老师来了解情况。葛老师介绍说："我这个学生呢，在我的所有学生当中，不是最聪明的，学问也不是一流的。"旁边陪同的人事处工作人员一听急坏了，不停地向葛老师使眼色。但是葛老师不为所动，还是先介绍了这个学生的缺点，接下来说："但是，这个学生到出版社工作肯定是很适合的，因为他做事很踏实，很认真，适合做编辑，他到了你们那儿，可以一直干下去。你们要是要了一个学术能力太强的，学术成绩太好的，他干上一两年，肯定要走的。你们白培养一场。"

葛老师的坦诚打动了这家出版社的负责人，当即同意招纳这名学生。后来我这位师兄在出版社工作得很出色，现在已经是副总编辑了。

后来葛老师和我们谈起这件事，还说："你们现在很多人人到中年了，也有点位置了，可能也到了要经常推荐人的年龄了，我希望大家还是要实事求是，对一个人要讲优点，也要讲缺点，关键是要看他适合什么工作，这样对他、对用人单位，都好。"

对在校学生，葛老师更是这样心直口快，从严要求，有什么就说什么。那段时间，我在一本叫《文史参考》的杂志上开了个专栏。葛老师看到了，马上写信给我说："我不赞成你写专栏文章，因为这样容易把文笔写滑了。"于是我马上停掉了这个专栏。

在这封信中，葛老师还指出，他发现我文中出现"这其中"一词。葛老师说，"其中"前不能再加同义的"这"字。这一语法错误起源于央视的主持人，他不止一次撰文纠正。还有一些常见的错误，如"一直以来""凯旋而归"，自称"下榻"，对外称妻子为"夫人"之类，也都是当今社会习焉不察的，一定要避免。他对学生的要求就是如此细致而严格。

对于社会上的许多现象，葛老师也从来都是有话就说，直言不讳，因此才在媒体界获得了"葛大炮"的美名。这方面事例多多，广为人知，我就不多讲了。

十

葛老师做事的最大特点是既有灵活性，又有原则性，他有能力把这两点非常适当地结合起来，这其实既是阅历，也是天赋。葛老师很多做事方式，对学生甚至对全社会来说，也是最好的楷模。

我读博时，葛老师刚刚从史地所所长岗位上退下来，担任复旦大学图书馆馆长。有人劝他保留史地所学术委员会里的职务，他坚决不同意。他说："我要退，就全退，不搞拖泥带水的事，这样对史地所、对自己都不好。同样，我要做图书馆馆长，也要全力以赴把馆长做好。"（现在仍然是如此，在很多人对各种社会职务趋之若鹜的时候，葛老师已经主动辞去历史地理专业委员会和教育部某些专业委员会的职务。这些职务在很多人看来，都是非常重要、"含金量"非常高的。）

以学术为生的人最看重图书馆，也最容易挑剔图书馆管理中的一些细节。我到复旦大学图书馆，第一印象是工作人员态度超好，你提出任何要求，他们总是全力帮助解决，从来不会流露出任何不耐烦的神色。这一点让我印象非常深刻。后来问同学，大家说，葛老师任馆长后，图书馆的服务质量有了很大的提升。

在复旦三年，我亲眼看到图书馆一天天更加完善。比如，阅览室的座位，原来每一排座位边上，才有一个公用插排。随着带电脑的学生越来越多，插排显得有些紧张。我入校不久，每个座位都安装上了一个插座。这样细节上的小改进，几乎每天都在进行。原来葛老师每天都上图书馆的 BBS，看同学们的意见建议，亲自安排解决。

中国的图书馆是一个易腐败的地带。因为图书采购中有很多"潜规则"，有些"潜规则"实际上已经变成了"明规则"。比如，供货商通常会给图书馆提供巨额"回扣"，很多图书馆正是靠这些回扣来给员工发福利的。规则如此，说明图书采购中的灰色空间非常巨大。我来复旦读博前，所在大学的图书馆馆长就因为贪污了一百多万元，被抓起来了。葛老师就任馆长后，做了一件开全国图书馆界先河的事：他拒绝了图书采购中的回扣，并每年定期公布复旦大学图书馆的收支账目，供大家监督。至于图书馆员工福利，葛老师找到校长，要求由校方出。这样一是可以提高图书采购质量，二是可以杜绝腐败的机会。这其实是给全国图书馆做的一个最好示范。

葛老师在就任馆长前，曾经和校长谈过一次"条件"。葛老师说："我可以做这个馆长，但是你必须给我全权。就是说，你不能插手图书馆的事。"校长当即同意，但是也提出一个条件，那就是馆里现在两百多名员工，不能辞退其中任何一名。葛老师也答应下来。

后来，校长答应的条件确实做到了，从来没有干预过图书馆的具体事务。所以后来经常有人来找葛老师，要求安排人或者办其他事，打着校长的名头，说校长说了，如何如何，葛老师一句话就顶回去了。葛老师说："他是校长，不是馆长。校长说什么，让他亲自来找我谈。"

答应校长的话，葛老师却发现，不那么容易做到。因为到了图书馆后，葛老师才发现，这个队伍不好带。怎么说呢？只举一个例子：员工当中，进过精神科医院的，就有三个人。而且这三个人，都是因为人际关系矛盾而发病的。

但是葛老师最后很好地处理了这些人的工作问题。

我听一个曾经在复旦大学图书馆工作的朋友讲过这样一件事。有一个老员工，因为和馆内其他人处不好关系，被"发配"到图书馆门口看管自行车。这个人脾气不大好，时常和人发生冲突。还经常扬言："你们这些人对我不好，我也不想活了，不过我不会一个人死，死也要带几个人走。"

但是葛老师和这个人接触几次后，发现这个人其实并不坏，而且挺有想法。自从葛老师找他谈话后，他经常给葛老师发邮件，说图书馆哪方面有什么问题，应该怎么改。每封邮件葛老师都认真阅读，读后发现他有些地方讲得还是挺有道理的。所以葛老师后来设立了一个馆长奖。钱不多，五百元。但是头一批发给了这个自行车管理员，因为他对馆内事务有热心。管理员很受鼓励，工作态度明显好转。

葛老师每次到北京开"两会"的时候，都会给其他馆领导寄"两会"的明信片，同时也会给这个自行车管理员寄，管理员很受感动，工作表现也越来越积极努力。后来葛老师感觉到这个人文字功底很强，把这个人放在门口看自行车还是大材小用了，决定给他换个工作，把他调回馆内，让他做馆内出版物及文件的校对工作。结果证明，这个决定很正确，此人做校对水平高，而且态度极为认真，校对得非常好。

所以这位曾在图书馆工作的朋友后来和我讲，葛老师其实"有总理之才"。这句话说得也许有点夸张，但是葛老师既有原则性，又善于处理一些棘手的具体事务，这在学者当中确实非常罕见。

在葛老师的管理下，复旦大学图书馆没有一部公车。葛老师是全国政协常委，他没有秘书，也没有司机，年近七十每天好几十公里自己开车往返。外国著名大学图书馆馆长来访，葛老师带他们吃十元一份的学校食堂餐。葛老师说，这是国际惯例，是正常的做法。

葛老师做馆长，在他这个年龄，说实话，是蜡炬成灰式的奉献，而不是什么美差。他在国际学术界阅历深、见识广，熟悉世界一流图书馆的运作，把好的管理模式引进复旦。因此他的辞职，确实是复旦学生的损失。

十一

葛老师对学生们在学术上要求极严，生活上却非常关照。他经常对学生们说的一句话是，不做书呆子，不做伪君子。另一句话是，人的资质是不一样的，不见得每个人都成为学术大家。学术、论文，在人生当中虽然很重要，但是绝对不是全部。他更希望学生们，每个人都有一个幸福的家庭，把自己的身体搞好，把生活安排好，把自己的家人照顾好。

在一次讲座中,葛老师曾经讲过他的太老师顾颉刚的一件事。他说顾老师有一次给一个学生一笔钱,说这是学校的奖学金。这位学生用得心安理得,直到他八十多岁的时候,才知道这是顾老师自己的钱。

葛老师自己其实也经常做这样的事。我曾听某位同学说,葛老师的一位学生的妻子病重,一时没钱,葛老师资助了数额相当大的一笔钱。这件事,葛老师自己从来没有提过。

我有一个同学,早我一年入学。他比较偏科,外语不好,但是对历史地理学一直很感兴趣,想考葛老师的博士。葛老师在面试中和他短暂交谈了几分钟,断定他是一个史学人才。但是因为外语成绩差,他那一年没有被录取。发榜后他对葛老师表示,因为生活压力,他明年可能没法继续再考,只能找个地方就业。没想到葛老师说:"这样,你到上海来,我出钱给你租房子,给你生活费,你安心复习,明年再考,怎么样?"

同学简直不敢相信自己的耳朵。后来他在葛老师的资助下复习了一年,终于得偿所愿。入学之后,这位同学特别努力,成绩很突出,博士论文在业内获得很高的评价。

葛老师就是这样,以自己的实际行动传承着中国学术界的优良传统。

怎样写好非虚构历史作品？

第一节　非虚构历史写作对作者的要求

"非虚构历史写作"一词在国内已经耳熟能详，但迄今似乎仍无一个明确的界定。一般来讲，"非虚构历史写作"应该有两个基本特征。第一个是"非虚构"。它不是历史小说，也不是其他主要使用虚构手法创作的历史类作品。第二个是"非学术"。它不是学术性的历史研究论著，而是面向大众的，表达上富于个性，可读性强。

如何写好非虚构历史作品，做好历史普及工作？我认为创作者应该注意以下几个方面。

第一，了解普通读者的接受能力和阅读心理，要有与普通读者相类的问题意识，或者至少能了解普通读者对哪些话题感兴趣。

20世纪90年代以来的"历史热"当中活跃的作者大多数是非历史专业出身。《明朝那些事儿》的作者当年明月，毕业于中南财经政法大学法律系，在写《明朝那些事儿》时，他是一个海关职员。《品三国》的作者易中天虽然是大学教授，但教的是文学。他1981年毕业于武汉大学中文系中国古代文学专业。《长安十二时辰》和《显微镜下的大明》的作者马伯庸是经管专业毕业的，曾经在外企工作数年。《潜规则》《血酬定律》的作者吴思1982年毕业于中国人民大学中文系，毕业后一直从事新闻及媒体工作。

非历史专业出身的作者之所以能在非虚构历史写作领域取得成功，一个重要原因是他们本身就曾经是普通读者，非常清楚普通读者的阅读心理和接受能力。

《年羹尧之死》的作者郑小悠说，"写作过程中要随时把自己代入一个非专业读者的角色，看看这样的表述能不能让人看懂，这样的解读能不能让读者产生共鸣"。[1] 郑小悠是这个群体中少见的历史学"科班出身"，毕业于北京大学历史系。不过，她在接受采访时经常开玩笑，说自己是"民科"出身：她从中学时期就喜欢历史，曾经长期混迹网络论坛，并且在论坛上小有名气。"其实是先接触互联网历史爱好者群体，然后才进入专业的历史学研究领域的。"[2] 这是她非虚构历史创作的一个重要背景。

---

1 郑小悠：《复原历史场景要有想象力》，https://baijiahao.baidu.com/s?id=1726985955507986298&wfr=spider&for=pc。
2 《对话郑小悠：历史写作的真实性和文学性并不矛盾》，https://www.thepaper.cn/newsDetail_forward_21338002。

《八月炮火》的作者,美国著名非虚构历史作家巴巴拉·塔奇曼,同样不是史学科班出身。她本科毕业于拉德克利夫学院,获得文学学士学位。她说,作者必须看到读者坐在他的书桌对面,必须搜肠刮肚地寻章摘句,传递他希望读者看到的画面,唤起他希望读者感到的情绪。非此不能写出生动鲜活的东西。[1]

推动中国出现历史热功不可没的《万历十五年》的作者黄仁宇也是非科班出身。黄仁宇十八岁考入南开大学理学院机电工程系,入学不久投笔从戎,参加抗战,经历了十多年职业军人生涯。

"半路出家"进入历史学界,使黄仁宇终生保持了对历史的发自生命深处的草根式兴趣,黄仁宇的所有思考与写作,都与自己的生命经验息息相关,他的研究不只是为了解决学术问题,更是为了解决个人生命中的困惑。"我之所以成为历史学家,是因为自己颠沛流离,一切源于中国的动荡不安。""对我来说,历史学不只是行业技艺而已。……我开始接触这一行业和技艺,是因为动荡不安的生活造成心灵苦恼。"[2]

黄仁宇思考的重点是中国在已经披上近代化的外衣后,为什么内里还如此羸弱?中国与西方为何不同,中国如何才能完成现代化?这不仅是黄仁宇的问题,也是困扰几代中国人的最

---

[1] 姜鸣:《史学奇女芭芭拉·塔奇曼》,https://www.thepaper.cn/newsDetail_forward_1551549。

[2] 黄仁宇:《黄河青山:黄仁宇回忆录》,张逸安译,台湾联经出版事业公司,2001年,第487页。

大问题，黄仁宇之所以拥有众多读者，是因为这些普通读者和他关心着、思考着同样的问题。

2022年下半年，因为一本《翦商：殷周之变与华夏新生》引起广泛关注的历史作家李硕，硕博是历史专业，但本科毕业于北京大学中文系，研究的是古典世情小说。他说，普及性历史写作一定要有"现实感"，打通历史和现实：

> 我觉得，历史写作最关键的是打通古今。如果对现实有深入了解，在现代知识背景下、从现代人关注的角度，去考察和书写历史，就是"大历史"的感觉。如果不了解现实的历史学者，可以做个职业化"专家"，这种人以前和以后都会是大多数。[1]

第二，认真研究非虚构历史写作的规律。

这个世界是由无数的鄙视链组成的。正如一篇网文所说，看原版《纽约客》的鄙视看《三联生活周刊》的，看美剧的鄙视看日韩剧的。精英文化通常鄙视大众文化，写和读那些"读不懂的书"的，鄙视那些写和读轻松好读的书的。

但事实上，这个道理并不难理解：通过阅读轻松好读的书和"普通人读不懂"的书，也许能收获同样的东西。就好比通过豆腐和炒黄豆，一样能吸收大豆蛋白一样。喜欢轻松的阅读

---

[1] 《专访 | 李硕：把古代的人和事原原本本地讲好》，《书都》2019年第25期。

方式是人性的自然，会讲故事并不代表低级、浅薄。因此，美国的《纽约时报》书评从一开始就把图书对象分为"虚构"和"非虚构"两类，而不是什么学术和普及。

20世纪80年代以来，也曾经有一些历史学者致力于历史知识的普及化，写过一些通俗历史类作品。但是这些作品一般销量平平，成功的并不多。

专业研究者很难成为成功的历史普及者的原因之一是学术机制。现代学术机制给研究者，特别是青年学者的压力巨大，让他们没有时间、精力和动力从事普及性工作。原因之二则是心态。一些专业研究者对普及工作存在一定程度的轻视心理。

许多通俗历史作品自身确实存在大量问题，比如史实错误，以偏概全，追求耸动，行文轻佻……然而，即使如此，我还是要说，想要写好普及性历史作品并不容易。并不是只要把东西写得口语化一些，随意一些，"水"一些，就能好读。或者说，不能把葡萄捣碎过滤加上水，就当成葡萄酒售卖。一定要花时间、花精力，研究普及的规律。

第三，要保持一定水平的文学素养。

诺贝尔文学奖曾经多次颁发给历史著作。1953年，英国丘吉尔的艺术性历史文献——《第二次世界大战回忆录》最后一卷出版，他也在这一年获得诺贝尔文学奖。

虽然自民国年间引进西方社会科学方法论以来，文史哲就开始分家，但是20世纪90年代之前，中国的史学家基本上仍然都保持着很高的文学素养，其中的大家更都是"有趣的人"，直到90年代之后,"思想淡出、学术凸显"学风突然到来,文学与史学才真正分离。

20世纪90年代"历史热"以来那些优秀的非虚构历史作家,大部分拥有相当好的文学功底。

> "易中天现象"一个突出的特点是,易中天们大都未受过历史学的专业训练,他们的专业大都是文学而非史学。而这正是新史学在科学史学的史料考辨与文学叙述之内在矛盾下的张裂。"易中天现象"正是从这张裂的缝隙中迸发而石破天惊的。他们体现了史学发展要求文学复归的内在张力。[1]

巴巴拉·塔奇曼的作品具有突出的文学品质。她的特点是"以文学的方式书写历史,她的文字充满戏剧性和画面感,在充分发掘史料的前提下伴随着意味深长的议论和反思"。

史景迁(Jonathan Spence)在读本科时曾担任《格兰塔》(*Granta*)杂志的编辑,那是在创意非虚构文学中最具影响力的杂志之一。所以他总是首先把自己视为一名作家,并不认为自己必须在专门史学家的辩论中做出什么贡献。[2]

---

[1] 高钟:《史学的专业化与大众化刍议——"易中天现象"的史学解构》,《苏州科技学院学报》(社会科学版)2008年第4期。
[2] 《访谈丨美国历史学家华志坚:如何给大众读者讲好历史故事?》,https://www.163.com/dy/article/DSNGALUI0514R9P4.html。

一个历史类作者必须保持一定程度的文学训练，保持阅读一流文学作品的习惯，这样才有助于在表达上游刃有余。

第四，要站在专业研究者的肩膀上。

非虚构历史写作的一个重点是历史普及，也就是说，把新的、高质量的历史研究成果进行充分转化，传达给普通读者。当然，这种转化通常不是简单的对论文的白话"翻译"，而是以作者的视角对多种学术成果进行分析、判断、取舍、整合，将结果融入自己的作品当中。

因此，最好的普及性历史作家最好同时也是专业研究者，如巴巴拉·塔奇曼、史景迁和黄仁宇，将自己的专业研究成果直接转化为普及读物。但是这样的作者为数不多，一个人的能力和精力是有限的。正如有些专业历史研究者很难做好普及工作一样，大部分普及性历史写作者也很难在学术方面有太多创见。

因此，写好普及性作品，一定要密切跟踪学术界的进展，有长期、大量阅读历史类论文和专著的习惯。也就是说，普及性历史写作如果想要达到一定水准，必须站在巨人的肩膀上，即站在专业研究者的肩膀上。马伯庸说："我自己很喜欢看论文，可以说，如果没有研究员提供的资料，我的作品就不会有这么多史实。"

马伯庸的感受很能代表非专业历史写作者对专业研究者的感激之情：

> 这些论文旁征博引，推论严谨，运用史料的方法论

更是精妙。他们的每一篇论文，都着眼于解决一个或几个小问题，正好能回答我对某一处细节的疑问。许多篇论文汇总起来，就能在一个方向上形成突破，形成独特的创见。让你眼前拨云见日，豁然开朗。

在研读过程中，你能够清晰地感觉到所谓"学术共同体"的存在，它们彼此支援、借鉴与启发，一个学术成果引出另外一个，环环相扣，众人拾柴，最终堆起了一团醒目的学术火焰。[1]

第二节　非虚构历史写作技术

一

基于写作目的和目标读者的不同，非虚构历史写作的语言、结构和叙述方式，都与专业历史写作有很大区别。

第一，学术语言与通俗语言的区别。

学术语言要求逻辑严密，表述准确，意思唯一，简洁清晰，不能产生歧义。同时要求就事论事，不加修饰。因此，普通读者在阅读学术作品时容易感到枯燥乏味，或者说"涩""硬""晦""冗"："涩"是指学术行文着意于学理性表述，文字俭约，因此读起来不免有"涩"的感觉。"硬"是指密集地

---

[1] 马伯庸：《四起几乎未遂的学术"诈骗"案始末》，https://www.bohaishibei.com/post/23987/。

使用狭窄的学术领域内的概念，内容对普通读者来说过于陌生。"晦"是指表达不清晰。这种晦有可能是由两种原因形成的：一个原因是在一定的研究阶段，难以得出非常简单清楚的结论，研究过程也无法简单地进行约化表述；另一个原因则是作者表达能力不足所致。"冗"体现在两个方面：一是大量堆砌材料。也许是因为研究者辛苦挖掘得来，所以每一个材料都感觉可贵，舍不得丢弃。结果是同类同质材料大量堆砌，本来可能用两个例证就能说明问题，结果是排比罗列了十余个。二是语言不节制，啰唆重复。

通俗作品的写作目的是尽可能普及传播到广大读者，所以通俗作品语言的第一个要求是浅显明白，让普通人能读懂。比如，对于文言文引文必须进行处理，或者直接把文言文翻译成白话，不引原文，或者是在文言引文后面加上准确的或者概要的白话翻译。

通俗作品语言的第二个特点是可以充分使用比喻、夸张等大量文学化手法。通俗作品最重要的是深入浅出的能力，能把复杂的问题简明化，把艰深的问题浅易化，往往需要比喻、夸张等文学手法。

巴巴拉·塔奇曼非常重视语言。她说："说到语言，没有什么比写出一个好句子更令人满足的了。要是写得呆头呆脑，读者读起来就像在湿沙中前行，如果能写得清晰、流畅、简单但惊喜连连，那就是最高兴的事。"她擅长营造生动鲜活的历史氛围，让读者身临其境。[1]

第三个特点是，"非虚构历史作品"并不绝对排除使用虚构手法。

有的非虚构历史作家有"洁癖"，拒绝使用虚构情节。比如巴巴拉·塔奇曼。她说：

> 我从不捏造任何东西，包括天气。一个读者告诉我，他尤其喜欢《八月炮火》中的一段，那一段写到英军在法国登陆的下午，一声夏日惊雷在半空炸响，接着是血色残阳。他以为是我艺术加工出了一种末世景象，但事实上那是真的，是我在一个英国军官的回忆中找到了这个细节。如果存在艺术加工，那也仅仅是我挑出了这个细节，最终用对了地方。[2]

塔奇曼的作品，细节丰富而生动，但背后都有坚实的史料作为支撑。她说自己毫不犹豫地以最快速度扑向原始文件，"最为原始的文献是未经出版的材料：私人信件、日记、报告、命令，还有政府文档中的便条"，"没有什么比在原始文件的纸张和墨水中检索信息更让人着迷的了"。这种超级勤奋，使她下笔

---

[1] 姜鸣：《史学奇女芭芭拉·塔奇曼》，https://www.thepaper.cn/newsDetail_forward_1551549。

[2] 转引自周琳：《历史学家能从"非虚构写作"中学习什么？》，https://www.thepaper.cn/newsDetail_forward_1749969。

有神。[1]

但是史景迁的作品《王氏之死》中,却花了很大的篇幅,描述了王氏在死前的梦境。这个梦境部分由非虚构进入虚构,化用了蒲松龄作品中的大量元素,揣摩女主人公对美和爱的向往,以及面临死亡的无助和恐惧。这是一个很有想象力的实验,提示了历史非虚构写作的一种可能性。[2]

《明朝那些事儿》也经常使用虚构的细节。

> 急性子的夏言兴冲冲地跑去西苑了,他要表达自己的兴奋。而那个坐在阴暗角落里的严嵩,却露出了笑容。

> 徐有贞终于成功了,他带着疲惫的身躯和长时间的笑容,独自站在大门前,挡住了上殿的道路。

这些虚构的细节非常生动,画面感很强。

那么,在非虚构作品中,怎么把握虚构手法的运用呢?我个人认为,关键是要让读者能清晰地辨别出哪部分是作者的文学化手法,而非历史事实。如果行文当中有虚构性的部分,为了处理真实与合理虚构的关系,应该采取"瓷器修复"的方法。文物修复过程中,可以用新的材料去补上缺口,但是新材料要

---

[1] 姜鸣:《史学奇女芭芭拉·塔奇曼》,https://www.thepaper.cn/newsDetail_forward_1551549。
[2] 史景迁:《王氏之死》,李孝恺译,广西师范大学出版社,2011年。

呈现别的颜色或者质感,让人一目了然。这样参观者既能获得对文物的整体认识,又不会产生误解。在非虚构历史写作当中,虚构部分要突出其文学性,让读者一眼就能看出来,不会与真实的史料相混合,换句话说,虚构要可识别。

第二,专业写作和通俗作品结构上也有很大差别。

学术写作的结构是有明确要求的,比如,一开始要有学术史回顾,结构上要层次分明,逻辑层层推进,甚至有一级标题、二级标题、三级标题,最后要有结论,注释引用要非常规范,等等。

而通俗历史写作的结构,并没有任何定式,没有任何规范。苏轼在《答谢民师书》里说,作文"大略如行云流水,初无定质,但常行于所当行,常止于所不可不止,文理自然,姿态横生",在一定程度上来说,怎么写都可以。

当然,"随心所欲"只是表面上的。实际上,通俗史学作品的结构也有其规律和要求,特别是对开头的要求很高。

首先,开头要吸引读者。好莱坞的电影总是在一分钟内,就让人牢牢坐在座位上不再离开。当然,要达到这样的目的,方式是多种多样的,这就好比电影的开头,正叙、倒叙、插叙都可以。比如《公民凯恩》的开头,是从凯恩的死开始的。一本有趣的普及性历史读物,往往是从一个有趣的或者是重要的瞬间开始的。比如德国人于尔根·奈佛的《爱因斯坦传》,引子写的是爱因斯坦死后大脑被解剖,而第一章则写的是1919年,爱因斯坦的理论被天文观测所证实,因而声名大噪。这本书第

一章的开头是这样的:

> 1919年11月7日,一个灰蒙蒙的冬日星期五的早晨。当阿尔伯特·爱因斯坦在他位于柏林哈伯兰特大街5号的寓所里醒来的时候,他的人生发生了重大的、决定性的转折。从今往后,他再也不能像以前那样生活。不过此时此刻,这个四十岁的男人,对接下来的几个星期和几个月里将要面临的、直至他的生命终结都无法摆脱的状况尚一无所知。[1]

这样的开头提出了强烈的悬念,让读者不得不随着作者设置的叙述路径走下去。相反,如果一本人物传记从某年某日,传主在某地呱呱坠地开始,这往往预示着这本传记可能写得非常平庸。

所以,开头的目的,第一个是抓住读者的注意力,吸引读者愿意读下去。

第二个目的,是奠定整篇文章的基调。高质量的非虚构历史作品,如同一件艺术品,需要一个一以贯之的基调和风格,这个基调,要在开篇的几十个字中就加以奠定。理查德·沃尔特在他的名著《剧本》中说:

---

[1] 奈佛:《爱因斯坦传》,马怀琪、陈琦译,中央编译出版社,2013年,第1页。

> 观众是无法容忍故事编辑工艺的故障的,无法接受一个深沉的故事最后变成了一个粗俗的笑话。

二

非虚构历史作品的魅力在于其充满个性的表现力和不拘一格的叙述方式。借用周琳的说法,"近乎'野生'的状态,使得非虚构写作能够在束缚和苛责相对较少的情况下自由探索,专注表达,从而迸发出直击人心的魅力和生命力"。[1] 巴巴拉·塔奇曼在她的著作《历史的技艺:塔奇曼论历史》中谈到写作方式的重要性:当你为大众写作,你就得写得清楚,写得有趣。没有必要在准确和优美中二选其一,它们是相辅相成的。

但是,在追求个性化自由表达的同时,也需要注意不能走上另一些极端。

一是避免表达上的过度文学化。要避免过于情绪化的描写,冗长而不知所云的开头,似是而非的诗一样的语言。

二是避免过度口水化,过多使用网络语言,无底线"媚俗",只追求语言的"接地气",不注意表达的准确性。

三是避免主题先行,为迎合受众的"翻案""求新"心理,故意曲解史料,内容夸张,标题耸动,为颠覆而颠覆,为解构而解构。

---

[1] 周琳:《历史学家能从"非虚构写作"中学习什么?》,https://www.thepaper.cn/newsDetail_forward_1749969。

四是为了流量、为了热度，抄袭拼凑，几十分钟内炮制出一篇"爆款"。这些文章更像是从高效流水线上制造出的产品，没有自己的思考。

非虚构历史写作和专业写作虽然有诸多不同，但是在一点上应该是高度一致的，那就是它们共同的底线是真实性。它的首要任务，都是提供真实的历史信息。

三

优秀的非虚构历史作品，对任何读者，都应该有巨大的魅力。费正清在为《史迪威与美国在中国的经验：1911—1945》所作的序言中说：

> 巴巴拉·塔奇曼的历史是自立的，根本用不着任何理论支持。它就是让读者着迷了，它让他们得以如此接近过去的历史，这接近的程度是前所未有的。[1]

显然，费正清认为，那些学术性著作未必能够做到让读者如此接近真实的历史。

王希说：

---

[1] 姜鸣：《史学奇女芭芭拉·塔奇曼》，https://www.thepaper.cn/newsDetail_forward_1551549。

我觉得，比较理想的公共史学是这样一种史学：它不是一种完全屈从于官方意志或某一特定利益集团的史学，不是一种枯燥无味的、板着一副说教面孔的史学，也不是一种调侃式的"娱乐史学"，更不是一种牟利式的"消费史学"。它应该鼓励交流与互动，但又允许独立性的思考；它引发的历史感受与个人的经历密切相关，但又能产生集体的共鸣；它并不毫无理由地排斥官方或个人叙事，但又始终保持一种批判精神；所以，一个优秀的公共史学家必须具备高超的专业素养和政治技能，他（她）需要与包括政府在内的公众社会进行协商和谈判，需要以有力和有效的方式将基于扎实研究之上的知识和见解补充到公共知识之中；他（她）需要带给公众富有启发性的思考，而不只是公众期望获得的答案。[1]

这当然是一种理想状态，但从中我们也可以看出，普及性历史写作也可以有宏大的目标，有相当的责任感。

---

[1] 王希：《把史学还给人民——关于创建"公共史学"学科的若干想法》，《史学理论研究》2014年第4期。

第二部分

读史不一定明智

在信息爆炸的今天，每个人都有必要学习一点信息分辨能力，辨别一下"瓜"的真假。每天都在自己的信息茧房里狂欢，真的有可能"娱乐至死"。

"吃瓜"[1]影响历史发展

一

每天一上网,都会立刻听到一片"吧唧吧唧"的"吃瓜"声。这个明星刚塌房,另一个又出了大事。

不光是娱乐新闻,国际新闻也成了"瓜田",世界成天乱套。每次出现一个爆炸性的新闻,网上欢乐的气氛都立刻扑面而来,如同进了孔乙己常去的那家小酒店。虽然我们在很多方面供给仍然不算充分,但在"吃瓜"方面,似乎已经实现了"瓜产量的极大丰富",实现了"吃瓜自由"。

"吃瓜"太快乐了。经常有人在微博上感慨:"又是什么都不想干,只想吃瓜的一天,太快乐了。"

---

[1] 网络流行词,在网络环境中,表示一种不关己事、不发表意见、仅围观的状态。

二

"吃瓜"快乐,天经地义。

正常"吃瓜"是有益健康的。智人之所以能力突飞猛进,远超其他古人类,就是因为智人爱八卦。

从心理学角度来讲,我们之所以喜欢把别人或别国的丑闻当娱乐,第一,是因为别人(别国)的丑闻让我们心生高高在上的肤浅的道德优越感。第二,别人(别国)出事儿,让我们确认我们是安全的,产生庆幸感。(引用乔纳森·海特的说法)

所以"吃瓜"是符合人类正常心理的。你很正常,请放心。

从社会学的角度来看,八卦是交流信息的一种重要方式,八卦可以传播教训,让我们远离他人的错误。也就是说,八卦是一种间接性的社会规范习得行为,八卦能够强化和夯实社会规则,是一种有效的社会控制机制。通过对某些行为的负面评价和反复传播,八卦承担了实际上的舆论监督功能,给违规者和潜在违规者以威慑,从而以最低的代价来规约成员行为。八卦也是一种低成本的宣泄和净化。

当然,八卦更能带来纯粹的快乐:"自由表达的畅快、发掘秘辛的兴奋、最小代价实现冒险的刺激。对自我的八卦会产生自我揭露的禁忌性愉悦,对他人的八卦则伴随着窥伺的战栗。"[1]

---

[1] 闫岩、任禹衡:《从八卦到八卦新闻:起源、功能与争论》,《新闻记者》2020年第11期。

但是，八卦，"吃瓜"，带来正面效益必须建立在一个基础上："瓜"是真实的，或者基本真实的。

如果我们吃的是一个又一个"假瓜"，加了料的"瓜"，时间长了，从个人来说，生活容易出事儿。

我微博上经常提到一个人，我老舅家的保姆（不要以为我老舅请得起保姆就是富人，他们老俩口身体不好，儿女又不在身边，只好请保姆）。保姆工资不高，年龄不小，六十多岁了。保姆家境很苦：老伴儿和女儿都有重病，全家只靠她当保姆这点收入。

但是保姆很快乐。每次我去看望老舅，她都要和我聊上半天。开头总是要聊一些世界大事。比如问我："美国（她说的是东北话，发第三声）是不是快不行了？听说那儿不少人得了新冠没人管，满大街乱逛，走着走着就死一片。照这样，过两年儿美国该没人了吧？"再比如问我："听说印度人治病都靠涂牛粪，你说咋这招笑呢？昨个我和你姐夫（提她老伴儿）笑半天。"

她经常拿着手机上的各种消息给我看。我总是告诉她，大

姐啊，你手机上传的那些消息，百分之九十都是假的，假的不能再假的消息。她听了总是半信半疑的样子。

聊完世界大事，我总会问她一句，大姐，最近又参与什么项目没？可别再参与了。

为什么问她这个呢？因为这些年，她处于不断被骗的过程中。比如2017年，她花了几千元，买了所谓的"××币"，说是买了这个，将来可以赚到八十万元。我发了好几条"××币"创始人已经被捕入狱的新闻给她，然而她并不相信，还在等这八十万元到账。

去年，她又投了一个新项目，每个月交一千多元钱，说是几个极为著名的人物牵头的，在全国只招十万个人，晚了就参与不了了。我找了好多条介绍这个项目是骗局的新闻给她看，劝了她多次，她终于在交了四个月钱后不交了。

这次，我问她，她说又参与了一个叫"××联盟"的项目。我一搜，这帮骗子也太有创意了：这个项目据说是救援"互联网难民"的，说是以后会给这些人发大钱，每人一百八十八万元。

这就是我与老舅保姆的日常：每年，我都会劝她跳出一个骗局，然后下一年，她告诉我，她进了下一个骗局。

有人说，你说的这个，和"吃瓜"有什么关系呢？

关系挺大的。经常吃"假瓜"，吃有问题的"瓜"，可以稳定地降低一个人的智商。

在一个又一个"瓜"的投喂下,保姆越成长越茁壮,你给她"真瓜",她吃着反而不是味儿了。这么多年来,她靠着当保姆赚的辛苦钱,全部都投入了一个又一个骗局。所以,"吃瓜"影响人生。

三

从更大的角度来说,"吃瓜"也影响历史。

一百多年前的一件大事,义和团的兴起,就与"吃瓜"有关。在义和团运动中,各种"假瓜"横飞。比如,洋人能取中国小孩魂魄:"(洋人)取男童女童生辰粘树上,咒之,摄其魂为耳报神。"[1]比如,练了神拳的人"刀枪不入";练过"红灯照"的少女,一手摇扇一手挥动手帕,便可以升到空中,掷火焚烧

---

[1] 王朋伦:《反洋教书文揭帖选》,齐鲁书社,1984年。

洋人居室。

那么，当时的人都真的相信这类"瓜"吗？

应该说，即使在迷信氛围浓厚的晚清，一开始真正相信的人也不多。但是这个"瓜"越传越远，越滚越大，越来越熟。为什么呢？因为背后是"看热闹不嫌事大"的心理、"催熟了瓜大家一起吃"的心理。

柳堂在《宰惠纪略》中自问自答说："或曰，五六月间，不惟村农学之，间有读书人子弟，父兄亦不深禁；即不学，亦绝不以为非，而心向之。何也？"他自己回答说："中国受外国凌侮，平民受教民欺压，人人衔恨，无以制之。一旦传闻义和拳烧洋楼毁电杆之奇技，明知非正，未始不足称快。"

明知道义和团这套不见得是真的，但是因为近代以来积累的民族屈辱，所以大家都暗暗希望这个事闹大，让大家痛快痛快，所以很多人参与传播。

义和团运动当中，谣言起了重大推动作用。"讹言横兴，莫甚于光绪二十六年夏秋之交也。"[1] "谣言谬说，日盈于耳。"[2] "妖言惑众，一人倡之，众人和之，举国若狂。"[3] 这些记载，描绘了当时"吃瓜"群众的兴奋之情。传着传着，在从众心理的作用下，信的人越来越多。最终导致："官无论大小，民

---

1 乔志强：《义和团在山西地区史料》，山西人民出版社，1980年。
2 管鹤：《拳匪闻见录》，《义和团》（第1册），神州国光社，1951年。
3 鹿完天：《庚子北京事变记略》，《义和团》（第2册），神州国光社，1951年。

无论男妇,大概信者十之八,不信者十之二。"[1]这也是群众运动的规律性现象:"理性的控制都消失了,一切都可相信,没有过分离奇而不可信的事。这种情况在群众集会或者社会危机时期,群体冲突达到顶点时就会出现。"[2]

义和团的兴起,显示出朴素的民族主义的巨大力量。晚清经常有"莠民"倚仗教堂势力在地方纠纷中获胜,导致民教相仇事件时有发生。近代以来,西方列强对中国的多次战争,让广大民众心中积累了深深的愤怒和屈辱。但是,动机"正义",也不意味着传"假瓜"吃"假瓜"就是对的。大家纷纷大吃"拳民刀枪不入有能力驱逐一切洋人"的"假瓜",结局并不美妙。

一开始,大部分人不管真假,都兴致勃勃地传"瓜"吃"瓜",甚至是怀抱着正义感努力传"瓜"。很多揭帖上都印着类似"传一张,能免一家之灾。传十张,免一方之灾"之类的字句,如同现在很多微信上的文章或视频后面都加上一句话:"请大家转发,让更多的人知道。"

事情发展到后来,那些参与传谣的人才发现事情不对,"瓜"可能会砸到自己身上,可惜已经晚了。

义和团运动中,有一个叫杨典诰的普通知识分子,写了一篇《庚子大事记》。一开始,他兴致勃勃地吃着一个又一个

---

[1] 刘孟扬:《天津拳匪变乱记事》,《义和团》(第2册),神州国光社,1951年。
[2] 卡普费雷:《谣言:世界最古老的传媒》,上海人民出版社,1991年,第149页。

"瓜",吃多了,他也认为义和团可能真"有法力","其术不止一端",相信"红灯照"能"游行天空"。但是当义和团火烧了大栅栏,殃及无辜之后,他才意识到这一事件可能危及自己和家族。他开始认真思考这个事,转为批评义和团,称"其伎俩之尽于此矣"。

另一个普通知识分子仲芳氏写了《庚子记事》,一开始,他也曾大量记载义和团的神奇之术,比如说义和团烧教民之家时,"四面指画,火即不能延及四邻","术亦奇矣"。但是,也是在义和团火烧大栅栏事件之后,他的态度变了,他明白这件事大概率会演变成一场巨大灾难,自己和家人也可能会倒霉,开始批评团民"愚弄"群众,造成了一场"从来未有之奇灾"。

可惜,已经晚了。

可以说,义和团运动就是在一个又一个"假瓜"的传播过程中愈演愈烈的。王照在《行脚山东记》里谈到,义和团运动时期,他在山东莱州府一带游历,听到的"街谈巷议,大抵不外'天灭洋人''李鸿章卖江山''光绪爷奉教''袁世凯造反''康有为封六国圣人'之类"。对这些"瓜",大家吃得兴高采烈,每天都有"新瓜"吃,度过了一段非常开心的日子,但是你知道,最后被"瓜"砸到的人不少。[1]

事实上,除了义和团运动,推动晚清历史其他大事走向

---

[1] 李文海、刘仰东:《义和团运动时期社会心理分析》,《近代史研究》1986年第5期。

的，也经常是一个又一个"假瓜"："洋人剜眼剖心""教堂淫迷妇女"……再往上溯，推动整个中国历史发展的，也少不了"假瓜"的力量。最后的结果，我们都一清二楚。关于谣言与历史的书很多，如苏萍著的《谣言与近代教案》，大家感兴趣可以找来看一看。

世界历史上，此类事件也常有发生。比如，明治维新后，日本政府发布《征兵告谕》，其中有一句"为人者当尽其心力以报国家，西人称之为血税，谓之以其生血以报国"。所谓"血税"是对法语俗语"兵役"的直译，结果导致谣言很快传播全国。史料记载：

> 此征兵令中有"血税"一说。将"血税"说成榨血，说成将日本青年的鲜血榨出来制造葡萄酒，以供东京、横滨来的很多外国人饮用。又有说法是此血会用来将毛毯染红……甚至还有谣言说成是将青年倒吊起来榨血，将流下来的鲜血收集起来给西洋人喝。[1]

结果民众愤怒反抗，在一年多内，全国总共发生了15起骚乱，出现大量人员伤亡，在日本近代史上被称为"血税骚动"。

---

[1] 原文出自同好史谈会编：《漫谈明治初年》，春阳堂，1926年，转引自松下芳男《征兵令制定史》，内外书房，1943年，第199页。

四

历史有一个规律,越渴越吃盐,越苦越"吃瓜"。老舅家的保姆为什么沉迷于吃"各国人都处于苦难"中的"瓜",为什么陷入一个又一个网络诈骗的局中呢?因为她太苦了,太穷了,可以说穷途末路,沿着正常的路走下去,很难遇到柳岸花明。她老家是吉林农村的,和她家类似,老家的亲戚朋友,有很多都有长年疾病。用她自己的话讲,家里炕上差不多都躺着一两个病人,经济极度困难。所以在她的影响下,一多半的亲戚朋友也都参与了这个那个据说能很快发大财的"项目"。

今天在网上,很多人也是一边叫苦,一边"吃瓜"。生活越苦,"吃瓜"吃得越起劲。越是大的明星倒掉,大家越开心,越充满正义感。

但是,在信息爆炸的今天,每个人都有必要学习一点信息分辨能力,辨别一下"瓜"的真假。每天都在自己的信息茧房里狂欢,真的有可能"娱乐至死"。

我曾看到尹建莉的一篇微博,感觉写得很好,转录如下:

> 世界很乱,事情总是在千变万化。但其中的一种稳定就是大众的"娱乐至死"心态。当今的互联网更放大了这种心态,也放大了参与度。
>
> 我们所看到的很多事很可能不是你以为的那样,另有真相,有的随着时间会水落石出,有的永远沉入湖底。
>
> 齐声欢呼或群情激愤都可能只是一种娱乐心态,而

非思想。

人类进步需要思想。

觉察一下自己,避免陷入某种网络狂欢,尤其避免落井下石的发言。因为人类是一体的,每个个体的痛苦都会转化为集体能量的一部分,所以那烧死女巫的狂欢其实造成的是整个人类的业力。世上没有真正的看客,只有共同的受害者。

不要小看你说出的一句话,尤其不要随便踩踏别人,自己的痛快绝不建立在别人的痛苦之上,这是爱自己、保护自己的一种方式。

业是我们每个人一起造的,将来的果也需要我们一起承担,一个也逃不掉。

最近这次和老舅家保姆聊天,让我深感不安,因为昨天她又给我分享了一个"瓜":说是有一架飞机掉了下来,一百多个去旅游的人,都摔死了。

我说这不可能,要是真的,新闻早报了,我经常上网,肯定会比你更早知道。

保姆说,谁知道真假,反正我看了挺高兴。

这话让我悚然一惊。联想到这个保姆平日经常说什么末日,说到了那一天,不管穷人富人都要一起走,我意识到,确实有一些人,特别是生活不如意的人,可能盼着出大事儿。"好乱乐祸"是某些民众的心理特点,正如当你上学时面临期末考试,总是梦想着突然不用上学了一样。

问题是,如果"好乱乐祸"的人多了,乱和祸可能就真的来了。

为什么读史使人愚昧

一

读者请我在书上签名的时候,有些人经常要求我写上一句话:读史使人明智。我则往往在后面再加一句,"也可能陷入更深的愚昧"。

为什么这样说呢?

因为我见过很多人,历史读得越多,头脑越混乱。比如我老舅。

老舅退休后喜欢上了历史,这几年一直在读史。不过他只专注一类,那就是"西方伪史论"。一本本看起来旁征博引的书告诉他,西方的历史,包括希腊、罗马和埃及的历史,都是伪造出来的。所谓希腊神庙、埃及金字塔,都是18世纪之后西方人用人造石混凝土建起来的。老舅读得如醉如痴,经常有所会心,则欣然忘食,每次我到他家去,都逮住我一顿分享。

当然,老舅对这些结论也并非百分之百地相信。今年年初我去埃及,老舅就郑重地要求我一定要替他好好观察观察,金字塔到底是石头的，还是混凝土的。

二

读史可能使人愚昧，最重要的原因，是所读的史书质量不高。老舅文化底子差，年轻的时候没有读书的习惯，所以一旦开始读书，就挑最"怪力乱神"、最能博人眼球的来读，也不为怪。

我的另一个亲戚，大表叔的问题和老舅不同。我大表叔年轻时喜欢读书，尤其喜欢读历史，古今中外的历史，无所不读。他家的书架上，至今还摆着一套20世纪70年代出版的世界各国简史。所以我们见面的时候，他最喜欢和我探讨历史问题，探讨世界大事。可惜，他和我这个从事历史行业的表侄很少能达成一致。

比如，有一次我和大表叔说，我近期在写一篇文章，题目是"拉美为什么不发达"。大表叔说，那还不简单吗？"离美国太近，离天堂太远"啊。离美国那么近，美国能让它发达起来吗？我问大表叔，那加拿大为什么发达起来了？大表叔说，那还不简单吗？加拿大给美国跪下了啊，但拉美人民骨头硬，不跪啊。

大表叔对古今中外的所有问题，几乎都能迅速给出这样小葱拌豆腐一样的明确答案。但是这些答案通常是不准确的，因为他头脑中的历史知识大都已经过时了。比如，他对拉美陷阱的解释，其实是20世纪70年代提出的"依附论"。

所谓"依附论"，是指拉丁美洲的贫困，乃是美国等帝国主义国家造成的。这些帝国主义国家"操控"世界市场,努力压低拉丁美洲等国家出产的农业和畜牧业产品价格,努力抬高发达国家工业制成品的价格,导致拉美国家不得不永远依赖廉价初级产品的出口,结果越来越穷。

"依附论"在20世纪七八十年代盛极一时,在美国的大学也大行其道。有人开玩笑说,"依附论"是拉丁美洲最成功的出口产品。不过,现在它已经被绝大多数学者,包括拉美学者抛弃了。塞缪尔·亨廷顿说:"依附论今天已很少有人提及了,甚至在美国的大学里也很少再有人说了。"

之所以被抛弃,是因为近些年来,很多原来看起来没有希望的后发国家,都发展起来了,有的甚至迈进了发达国家的门槛。比如,原来比南美更穷的韩国,现在成了发达国家。这些事实让很多拉美国家主动抛弃了"依附论",比如墨西哥就主动加入了北美自由贸易协定,接受了美国的投资。

连拉美人自己都抛弃了的依附论,在大表叔的头脑中却仍然毫不动摇。原因在于大表叔后来当了单位领导,工作繁忙,就没有多少时间读书了,所以他头脑中的知识停留在20世纪80年代以前。

历史学是一门不断发展的学科,很多领域的知识在不断更新。特别是中国历史,近四十年来,取得了突飞猛进的进展,大表叔那一代人头脑中的"常识",比如秦朝以前的中国是奴隶社会,比如秦始皇之后的中国和欧洲中世纪一样,都是封建社会,比如明清中国已经出现了资本主义萌芽……这些都已经有了更深入、更准确的分析和表述。如果你头脑中装的仍然是陈旧的历史知识，那么观察和思考当今世界问题，显然会出现偏差。所以除了读流行的劣质史书外，读过时的史书，也无法让你的头脑明智起来。

三

那么，怎样读史，才能"明智"呢？

第一，青少年时代最好多读些经典，打下良好的知识基础。

你选择了什么信息源，就选择了什么样的观念。同样，你选择了什么样的书，可能就选择了什么样的人生。不仅读史是这样，读其他书也是这样。很多人的阅读往往存在两个问题。一个是量少，另一个是质差。

中国是文明古国，中国人讲究"耕读传家"。过去中国人门上贴的最常见的一副对联是"忠厚传家远，诗书继世长"。但是，今天中国人的阅读量在世界上是偏低的。2012年的一次调查发现，中国国民人均读书数落后于泰国、越南等发展中邻国。[1] 2014年的另一项调查显示，中国人均纸质图书的阅读量为4.77本，而韩国是11本、法国是20本、日本是40本、犹太人是64本。[2]

---

[1] 参见朱文颖：《博览群书成历史：中国人每年只读四本书》。
[2] 参见中国出版传媒商报2014年做的调查：《2013—2014中国人阅读指南报告》。

除了数量，质量也堪忧。很多人为数不多的阅读，还集中于休闲读物、穿越小说、盗墓文学。网上流传着一张中美大学生借阅排行榜。中国大学生借阅榜排名前五的书是《平凡的世界》《明朝那些事儿》《藏地密码》《盗墓笔记》《天龙八部》；美国大学生借阅图书排名前五的则是柏拉图的《理想国》、霍布斯的《利维坦》、马基雅维利的《君主论》、塞缪尔·亨廷顿的《文明的冲突》、斯特伦克的《风格的要素》，几乎本本是经典。

中美大学图书借阅排行榜

图书借阅排行榜	中国	美国
1	《平凡的世界》	《理想国》
2	《明朝那些事儿》	《利维坦》
3	《藏地密码》	《君主论》
4	《盗墓笔记》	《文明的冲突》
5	《天龙八部》	《风格的要素》
6	《追风筝的人》	《伦理学》
7	《穆斯林的葬礼》	《科学革命的结构》
8	《王小波全集》	《论美国的民主》
9	《从你的全世界路过》	《共产党宣言》
10	《冰与火之歌》	《政治学》

资料来源：美国10所高校图书借阅榜，中国20所高校图书借阅榜（恒大研究院）

我的表哥，也就是老舅的大儿子，和我年龄相仿，我们一起长大。他小学时学习很好，中学就每况愈下，后来读了个中专。毕业后，不停地换工作，不停地"创业"，每个工作平均不会超过三年。别人跟他说干什么新项目，画一个新饼，他就会马上跃跃欲试。现在游走在经济诈骗行业的边缘。我劝他多次，但是没有用。因为他总是相信有奇迹存在，总相信小概率事件会发生在他身上，总相信他的运气还没有来。如今年过五十，一事无成。

有一次酒后他说，宏杰，我觉得自己人生不顺，可能是受武侠小说影响太深了。初中时你读的是文学名著，我读的是古龙、金庸，这让咱俩走上了两条不同的人生道路。

确实，我们曾经在某个暑假，一起畅读金庸和古龙的小说，留下了美好的回忆。不过在那个暑假之后，我就再也没有看过这些小说了。金庸的书当然非常精彩，不过每一本的套路其实都差不多：一个老挨欺负的孩子，因为什么奇遇，比如掉进古洞或者寒潭之中，发现了一本武功秘籍，练了一套无敌神功，从此纵横天下，扬眉吐气。同时书里面前后不合逻辑的地方太多，人物的思维状态也比较卡通化，这应该是当时在报上连载时赶稿子落下的毛病。作为成年人的童话，这些书能带来很多快乐，但是说实话，营养不多。

本来只适合作为消遣读物的武侠小说，却奠定了表哥的人生观（这话是表哥自己说的）。武侠小说让表哥一直不甘平庸，总想成就一番大事业，一鸣惊人。这当然是好事。但是武侠小说也让他相信奇迹存在,相信一步登天,相信天命在我。他不肯长期致力于一件事,总是想迅速成功。因此做过一些行险侥幸的事,其中有小成,但是最终没有立业。

所以青少年时代多读一些经典,是非常重要的。古龙和金庸可以读,但是不能只读这些。名著和经典,是最保险的读书选择。因为它们经过了千百年的淘汰,品质有基本的保证。一个人在青少年时代多读一些经典,对于他形成鉴别力,打下坚实的知识基础、形成合理的知识结构是至关重要的。

当然,经典往往不好读。因为经典往往比较"硬",比较"生"。但是正如王蒙所说,除了有趣的书,我们还有必要读一点严肃的书。"除了爆料的书、奇迹的书、发泄的书,还更需要读科学的书、逻辑的书、分析的书与有创新有艺术勇气的书。除了顺流而下的书,还要读攀缘而上、需要掂量掂量的书。"

第二,成年之后读书,要注意营养均衡。

一个人青少年时代读了太多品质不佳的书,就如同吃了有毒的食品,可能导致脑部细胞也有问题。在以后的人生中,应该主动进行自我排毒,才能最大限度地避免劣质书籍的影响。怎么排毒呢?那就是在读书时要注意"均衡信息饮食",有意识地打开自己的知识闭环,接受异质信息,来纠正自己头脑中的信息偏好。

不过做到这一点很难。人类的一个常见的误解是认为自己是理性的。其实,人的本质,或者说大脑运转的底层逻辑是感性的。人往往根据是否给自己带来快乐来读书。所以每个人喜欢看什么书，不喜欢看什么书，或者喜欢接受哪一类信息，都是由他头脑中已经形成的观念和品味决定的。与他原有知识结构相符的，他接受起来就容易，会产生精神愉悦感。相反地，他接受起来就痛苦。"当人们接触到与自身态度不一致的信息时，会产生认知失调，陷入一种不舒适、不愉快的情绪状态。"

如果一个人的知识基础有偏差，又长时间按照自己的偏好选择性地读书，那么头脑中的观点必然越来越偏。用学术的话来讲，这就是"长时间的同质信息获取，会让一个人形成固化的认知基础"。

怎么避免成为我老舅那样的"伪史论患者"呢？首先还是要多读。在任何领域，如果你想有一个比较深入正确的大体把握，都要有起码的阅读量。比如，你想弄明白埃及文明史是不是伪造的，那么除了伪史论的书外，还要读至少十几本严肃认真的埃及学著作。

我曾经专门给老舅买了七八本埃及史、埃及学的著作，但是过了几个月，再去老舅家，发现他基本都没读。这些年，我给老舅推荐了很多好书，可惜他都是看了个开头，就找各种借口放下了。

相反，他最近又迷上了另一本书——《文明源头与世界大同》，这本书的主要内容是论述人类几乎所有文明都起源于湖南。作者是湖南大学教授，他说，古代中国有白色人种、黄色人种和赤色人种。神农炎帝时期有两个大臣，一个叫白阜，一个叫赤冀，从名字就能看出来，他们分别是白色人种和赤色人种。他说，按照"神农宪法体制"的安排，白阜率领六个国家的白人负责勘测和丈量地球东西极的距离，并制作世界地图。其中许多白人留在西方，成为西方国家的始祖。比如，法国高卢人就是春秋战国时期移民西方的古代株洲茶陵地区炎帝参卢的后裔。老舅多次向我推荐这本书，说他越读越感觉有道理。所以，我已经放弃了老舅，不再和他争论，见面只聊天气。

四

和老舅比起来，我和大表叔的沟通要愉快得多。我推荐给他的书，他大都能读进去，大都很喜欢，并且由此对我越来越信任，接受了我推荐给他的"比较阅读法"。所谓"比较阅读法"，是指你在读某个领域的书的时候，不能捡到筐里就是菜，而是要多找几本同类著作来比较阅读。比如，你想了解成吉思汗这个人，那么你要做的，不是仅到书店里买一本成吉思汗的传记。因为你买到的这本传记，有可能水平很差。你可以到图书馆中，借十几本成吉思汗的传记或者蒙古史来比较阅读。不光读中国学者的作品，也要读日本、法国、美国以及俄罗斯学者的相关著作。一对比，谁的水平高，谁的见解深，谁的视野广，谁的不靠谱，就一目了然了。时间长了，我们对书的判断力就会慢慢增长，有的时候，只需要读上几页甚至几行，就可以大致判断这本书水平如何。同时，每一个研究者都会有自己的局限和偏差，也都可能有自己的长处和独到之处。卡尔写道：

"最好的历史学家是最有偏见的历史学家——而不是那些没有丝毫偏见的历史学家——根本不存在这样的历史学家。"多读,可以集合偏差,甚至消灭偏差,可以最全面地掌握历史信息。

因为对我的信任,大表叔对我的批评也能听得进去。我对他说,你之所以对很多问题都有明确的答案,其实是因为你的逻辑是闭环的,青年时代读的那些书在你的头脑中已经搭建起完整的知识框架,一切问题都可以以最简单的然而不见得正确的原理加以解释。我们生活在一个知识爆炸时代,知识的更新速度惊人,知识的半衰期正在日渐缩短。所以一个人要有更新自己知识结构的意识,要有开放性地选择信息的意识。大表叔之所以认同我这个观点,也是因为阅读实践。他对朝鲜战争很感兴趣,于是我把近几十年来关于朝鲜战争的研究著作都借来给他看,比较阅读之下,他确认,近些年的研究,确实已经非常有说服力地推翻了以前的一些观点。虽然已经年届七旬,但是大表叔的退休生活越来越充实。在我的帮助下,他成了一个越来越资深的历史爱好者。他读历史已经没有任何功利目的,享受的纯粹是知识带来的快乐。

五

第三,读中国史不要只读古代经典,只读《资治通鉴》、二十四史,要多读当代学者的研究成果,用当代眼光去穿透性地读史。

中华文明的发展过程中，历史所起的作用至关重要。中原以外的其他民族大多没有记史传统，所以很多文明，特别是草原文明，没法系统总结和梳理已有的文明成果，几千年间基本保持同一发展水平，没有明显进步。相对周边大部分民族，中华文明专注于总结历史上的经验和教训，形成了相对来说独特而发达的文明成果。

然而中国传统史学的成就也存在一定的局限性。

拥有最庞大的史料库，并不见得就能产生伟大的历史学。从秦朝到清朝，中国历史的一个突出特点是"循环性"：一个王朝建立一二百年后，就会"官逼民反"，出现农民起义，不久被另一个新兴王朝取代，如此循环不已。之所以如此，是因为每个王朝都沿着同一个轨道转圈：一个王朝建立之初，有一段政治清明期，甚至会出现盛世。就像新手机到手，头半年运行比较顺畅。然而几代之后，就会腐败混乱，各种问题大发作，不得不重新启动，建立一个新的王朝，新的王朝又开始重复同样的故事。这个规律循环了两千年，所以留下一套史书叫"二十四史"，留下一首朝代歌："三皇五帝夏商周，秦汉三国两晋忧，南北隋唐五代尽，宋元明清帝统休。"

所以，用当代眼光读史，才能让我们对历史更有穿透力。

第四，不要局限于中国史，多读世界史才有助于更好地理解中国史。

很多读者容易出现的另一个阅读偏差是只读本国史，不读世界史。我认识的很多爱读史的朋友，基本上只读中国史，而且中国史当中,也只读他熟悉的强汉盛唐。不读外国史的原因很简单:那么多人名、地名都不认识,记不住。问题是,我们今天已经处于全球化时代,我们已经可以很容易地吸收到全人类的文化成果。因此没有必要把自己封闭到一个狭小的信息圈中。民国时期有一位教授,说过一句话,"不读中国史,不知中国之伟大;不读世界史,不知中国之落后"。当然,这句话今天已经不适合了,因为我们中国已经崛起了,所以我给他改了一下,"不读中国史,不知中国之伟大;不读世界史,不知中国之特质"。不读世界史,你无法准确地判断中国文明在世界上的位置,以及自身的独特之处。

第五,读中国史也不要只读中原王朝的历史,也要多读读边疆史、少数民族史。

在夏朝之后,中国历史上几乎所有的新兴政权,都是起自边缘地区。对于夏人来说,商人是边缘民族,是东夷。对于商人来说,周人也是边缘民族,是西夷。一些历史学研究认为,周人的先祖很可能是北方的狄人。而在中原的诸侯国看来,秦人也是西边的蛮夷之国,受草原文化影响极深。这种边缘与中央的关系,到了汉代以后,还产生了一个固定的模式,那就是几乎都是起自东北的少数民族占据半壁江山,或者一统天下。占据半壁江山的是鲜卑的北魏、契丹的辽代和女真的金朝,一统天下的是蒙古建立的元朝和满族建立的清朝,他们都曾长期生活在东北地区。有很多相似性,比如,鲜卑、契丹、女真和满族都剃去前额和头顶的头发,鲜卑有"八柱国",契丹有"八部"，满族有"八旗"。

因此，边缘民族入主中原，不是一时一世的特例，是中国历史的规律性现象。这一规律性现象背后有着深刻的原因。

六

历史很重要，读史的方式更重要。

有一句有意思的话在网上很流行："人类唯一能从历史中吸取的教训，就是人类从来都不会从历史中吸取教训。"读史是有门槛的，只有掌握了一定的方法，付出相当的努力，你才有可能从历史中获益。否则，在愉悦的阅读和浏览中，你有可能陷入更深的黑暗。

中国人的"小说教"

一

我老舅酷爱历史,尤其对岳飞的故事情有独钟。有一次喝酒闲聊,老舅说,外甥,别看你是研究历史的,提到岳飞,你不一定能有我知道的多。

我说,好吧,老舅,那我考考你,提到岳飞,你马上能想到的是哪些关键词?

一听这个题目,老舅兴奋了:这我张口就来啊。降生遇洪,岳母刺字,十二道金牌,大破拐子马,朱仙镇大捷,《满江红》。对了,我这两天练字,临的就是岳飞写的《出师表》。

我接下来的一席话浇熄了老舅的兴奋。

老舅,岳飞精忠报国,值得我们学习,这是没问题的。但是你提到的这几个点,历史学者们认为,可以探讨。我们从头来说。出生遇洪水的故事。著名的宋史学家邓广铭先生专门写过文章,他说:"实际上,这个故事全部是由岳珂虚构的。"[1]因为北宋末年的黄河,根本不经过岳飞老家。然后,岳母也没有刺过字。岳飞死后五百多年,直到清代,小说家钱彩创作的长篇通俗小说《说岳全传》中才首次出现了岳母刺字的情节。《满江红》这首词也是这样。这么重要且有名的一首词,从来不见于任何宋朝、元朝人的著作,沉寂数百年,突然出现于明中叶以后,非常奇怪,所以近代以来,陆续有著名学者提出疑问,认为这首词可能不是岳飞所作。您老人家练的《出师表》可能也不是岳飞写的。因为史载岳飞喜欢苏东坡书法,写的是苏体。现在流传的龙飞凤舞、酣畅淋漓的所谓"岳飞书法"大概率是明清人臆造的,是遵循"字如其人"原则进行的"再创作"。至于大破"拐子马",邓广铭先生专门写了一篇《有关"拐子马"的诸问题的考释》,令人信服地证明这是岳飞的孙子岳珂"制造"出来的,不是史实。[2]朱仙镇大捷是岳飞一生最重要的事件。但是朱志远等人考辨认为,"岳飞生平最为人传颂的大战兀术的朱仙镇大捷,其实亦只见于岳珂的《金佗稡编》和《续编》。至于十二道金牌,邓广铭也早已经考证这一情节并不存在。

老舅听得目瞪口呆,好在我带着电脑,把PDF版的电子资料一一展示给他看,他才勉强相信。

---

[1] 邓广铭:《岳飞传》(新版),生活·读书·新知三联书店,2017年,第12页。
[2] 邓广铭:《邓广铭全集》(第2卷),河北教育出版社,2005年,第417页。

二

老舅不是一般的舅，是一个有文化的舅。家里头藏书上百本，不但有《说岳全传》《杨家将》，还有一套蔡东藩的《中国历朝通俗演义》。为什么老舅头脑中的关于岳飞的知识全是有问题的？

这是因为，老舅是"小说教"信徒。

一提起中国传统文化，我们往往有一个误解，认为传统文化就是孔孟老庄，四书五经，唐诗宋词。其实这只是传统文化中的一小部分。或者说，这只是传统文化中的上层文化，是冰山在海面上的部分，所覆盖的人群，只占传统社会的百分之几。

冰山的水下部分，是底层文化。这是中国文化的基座，覆盖了剩下百分之九十多的人口。底层文化的主要构成之一，就是"小说教"，也就是演义小说。

"小说教"这个说法是清代学术大师钱大昕最早提出来的。他说："古有儒、释、道三教，自明以来，又多一教曰小说。小说演义之书，未尝自以为教也，而士大夫、农工商贾无不习闻之，以至儿童妇女不识字者，亦皆闻而如见之，是其教较之儒、释、道而更广也。"也就是说，自古以来，有儒、释、道三教。从明朝起，又多了一教，叫小说教。小说演义，不光对不识字的妇女儿童、贩夫走卒影响巨大，甚至对士大夫也有影响，所以它覆盖的人群，比儒、释、道三教更为广大。

这个词不是钱大昕一时促狭的灵光一闪，而是对世相的深刻洞见，因而在后世得到了很多有识者的认同。其中表述得最详细的是梁启超。他说，中国男人头脑中想中状元当宰相的理想是从哪儿来的？从小说来。中国女性头脑中才子佳人的梦想是从哪儿来的？从小说来。中国江湖中人的哥们儿义气思想从哪儿来的？从小说来。中国人一生病，一有事，就请人算卦作法，这个想法从哪儿来的？从小说来。"吾中国人状元宰相之思想何自来乎？小说也。吾中国人佳人才子之思想何自来乎？小说也。吾中国人江湖盗贼之思想何自来乎？小说也。吾中国人妖巫狐鬼之思想何自来乎？小说也。……盖百数十种小说之力直接间接以毒人，如此其甚也。"

当然，梁启超说得还欠一点准确。因为对中国人头脑影响最深的，往往还不是小说本身，而是以小说为基础发展出来的戏剧、评书、大鼓之类的其他形式。因为底层社会的识字率不高，能直接读小说原文的人不多，但是戏曲则人人能懂，影响更大。美国传教士明恩溥就注意到了这一点，他说："戏剧可以说是中国独一无二的公共娱乐；戏剧之于中国人，好比运动之于英国人，或斗牛之于西班牙人。"民初名士罗惇曧说："北人思想，多源于戏剧。"[1] 鲁迅因此在梁启超的表述后面加了一句，让"小说教"的概念更为完整："我们国民的学问，大多数却实在靠着小说，甚至于还靠着从小说编出来的戏文。"

---

[1] 罗惇曧：《庚子国变记》，上海书店，1982年，第14页。

三

小说教对中国人影响之深,我们从晚清的一个著名历史事件——义和团运动中可以看得很清楚。

义和团运动是一场"降神运动"。底层民众从天上请来一个个英雄和神仙,借助他们的"神力",来对抗洋人。

我们来看一段义和团所念的咒语:"天灵灵,地灵灵,奉旨祖师来显灵,一请唐僧猪八戒,二请沙僧孙悟空,三请二郎来显圣,四请马超黄汉升,五请济颠我佛祖,六请江湖柳树精,七请飞标黄三太,八请前朝冷于冰,九请华佗来治病,十请托塔李天王、金吒、木吒、哪吒三太子,率领天上十万神兵。"

王加华在《戏剧对义和团运动的影响》一文中分析说,义和团民所依靠的神仙和英雄,全是从小说和戏曲中来。比如,孙悟空、猪八戒、沙僧是来自《西游记》;哪吒、托塔李天王、二郎神、姜子牙、杨戬来自《封神榜》;关公、张飞、赵云、诸葛亮来自《三国演义》;尉迟敬德、秦琼来自《隋唐演义》;岳飞、岳云来自《说岳全传》,黄天霸来自《施公案》;张果老、吕洞宾、汉钟离、铁拐李来自《八仙过海》。"不管怎样,他们绝大部分都是诸小说戏剧中的人物。"[1]

因为关于这些英雄神仙的知识全部来自小说戏曲,所以义和团民在神仙"附体"时,一举一动就如同演员在舞台上表演。

在晚清做过县令的吴永在《庚子西狩丛谈》当中记载,义

---

[1] 王加华:《戏剧对义和团运动的影响》,《清史研究》2005年第3期。

和团运动兴起后,数千团民来到县衙门口,他出来接待。

> 前行者八人,自称为八仙,已至阈下,均止步序立,一一自唱名通报。甲曰:"吾乃汉钟离大仙是也。"乙继声曰:"吾乃张果老大仙是也。"以次序报,如舞台演戏状,拐仙并摇兀作跛势,仙姑则扭捏为妇人态,神气极可笑。

因为是八仙附体,所以讲话文质彬彬。而其他记载表明,如果是猪八戒附体的团民,则会用自己的鼻子拱来拱去,这同样是模仿舞台表演。[1]

因此,陈独秀就曾明确地把戏剧作为义和团运动爆发的"第四种原因":"儒、释、道三教合一的中国戏,乃是造成义和拳的第四种原因……义和拳所请的神,多半是戏中'大把子''大脸'的好汉,若关羽、张飞、赵云、孙悟空、黄三太、黄天霸等是也。津、京、奉戏剧特盛,所以义和拳格外容易流传。"

除了团民们的举止深受戏曲影响外,义和团运动中清朝统治者的反常决策,应该也与"小说教"提供的知识背景有关。我们很难想象乾隆、道光等受过良好教育的统治者会大规模用巫术来驱逐外敌。然而慈禧却是在底层文化中成长起来的,在

---

[1] 转引自周锡瑞:《义和团运动的起源》。

入宫前，她原本不识字。即使进宫后，她接受知识的主要渠道之一仍然是戏曲。众所周知，慈禧当政之时，宫中演戏之风极盛，超过其他时代。和广大底层民众类似，慈禧的知识基础，大半来自戏曲小说、民间传闻、医巫神道。受其中神怪思想的影响，慈禧才会相信神仙附体、刀枪不入的神话。

四

除了义和团运动外，在一些更重大的历史事件，比如明清易代的过程中，我们同样能看到"小说教"的深刻影响。

可能很多人都知道，努尔哈赤是凭着半部三国打天下的。清代人说，"本朝未入关之前，以翻译《三国演义》为兵略"（王嵩儒《掌故拾零》）。皇太极也是如此。昭梿说："太宗（皇太极）天资敏捷，遂于军旅之际，手不释卷，曾命儒臣翻译《三国志》……以教国人。"（昭梿《啸亭杂录》）

努尔哈赤并不是第一个以小说为行动指南的人。在他之前，还有明末农民起义领袖李自成。李自成初起事时，效仿刘关张，与同乡结为异姓兄弟，"具牲醴诣关庙，仿桃园故事"。[1] 我们知道，"刘关张桃园三结义"并不是《三国志》的记载，而是《三国演义》的创作。

不止努尔哈赤和李自成，我前几天读韩国史，发现全斗焕

---

[1] 计六奇：《明季北略》（上册），中华书局，1984年。

在政变前，也曾命心腹研究《三国演义》，以提供谋略资源。

《小说小话》总结说："小说感应社会之效果，殆莫过于《三国演义》一书矣。异姓联昆弟之好，辄曰桃园；帷幄侈运用之才，动言诸葛，此犹影响之小者也。太宗之去袁崇焕，即公瑾赚蒋干之故智。海兰察目不知书，而所向无敌，动合兵法，而自言得力于《三国演义》。左良玉之举兵南下，则柳麻子援衣带诏故事怂恿成之也。李定国与孙可望同为张献忠义子，其初脍肝越货，所过皆屠戮，与可望无殊焉；说书人金光以《三国演义》中诸葛、关、张之忠义相激动，遂幡然束身归明，尽忠永历，力与可望抗，又累建殊勋，使兴朝连殒名王，屡摧劲旅，日落虞渊，鲁戈独奋，为明代三百年忠臣功臣之殿，即与瞿、何二公鼎峙，亦无愧色，不可谓非演义之力焉。"

相对三国，水浒对明清农民起义军的影响更大。和李自成齐名的"大西"皇帝张献忠，也深受"小说教"影响。张献忠参加叛军时想的就是像宋江那样"异日招安"。[1] 用兵打仗，也是以《水浒传》《三国演义》为教科书：

> 张献忠之狡也，日使人说《水浒》《三国》诸书，凡埋伏攻袭者皆效之。（清·刘銮《五石瓠》）

翻检历史，我们发现明清很多农民起义领袖都有意无意地

---

1 彭孙贻辑：《平寇志》，上海古籍出版社，1984年。

效仿宋江。明朝后期云南段赐谋划造反,"纠恶少三十六人",这是"拟《水浒传》故事",以符三十六天罡之数。[1] 太平天国的翼王石达开,以宋江自期,号"小宋公明"。[2] 太平天国首领之一的"大头羊"在投诚禀稿中也说:"梁山三劫诏书,竟成栋梁;瓦岗累抗天兵,终为柱石。自古英雄其义一也。"[3] 直接以梁山、瓦岗故事作为自己投诚的依据。[4]

甚至《水浒传》中描写的"梁山"也成为明清统治者不得不重点防范的危险地点,因为"小说教"兴起之后,这里已经成了起义者心目中的"圣地"。现实中的梁山其实只是一座海拔不过两百米的小山,周围无险可恃,更没有绵延八百里的水泊,但是明朝后期徐鸿儒领导的白莲教起义,即"误信梁山泊演义故事,巢于梁家楼"。[5] 山东李青山聚众起事,亦"据梁山为寨"。所以明清两代很多到寿张县为官(梁山所在地是寿张县)的地方官,莅任之初都很紧张,要考虑防范造反者到此地插旗。[6] 比如,清代的曹玉珂到了寿张做知县,首先就前往梁山"详审地

---

1 顾起元:《客座赘语》,中华书局,1987年,第106页。
2 施建烈:《纪县城失守克复本末》,见中国史学会编《中国近代史资料丛刊·太平天国》(第5册),上海人民出版社,1957年,第247页。
3 《广东洪兵起义史料》(上册),广东人民出版社,1992年,第131页。
4 姜荣刚:《明清时期民众运动与小说关系之互动——兼论晚清以降"新小说"运动的传统动力》,《学术月刊》2012年第9期。
5 查继佐:《罪惟录》,见《明代传记丛刊》本,台北明文书局,1991年,第2695页。
6 姜荣刚:《明清时期民众运动与小说关系之互动——兼论晚清以降"新小说"运动的传统动力》,《学术月刊》2012年第9期。

利,察其土俗,以绸缪于未雨"。[1]

五

为什么"小说教"会在明清两朝异军突起,主宰了众多中国人的头脑呢?

在元代以前,中国文化的主体是以诗词歌赋为代表的上层文化,或者说雅文化。虽然从宋代开始,一些城市中出现了"勾栏""瓦市",出现了类似今天评书演员的"说话人",也出现了"戏班"和"杂剧",但是这些民间文化的表现形式还处于萌芽阶段,从业人数不多,影响有限。

到了元朝,中国文化出现了一个巨大的变化:底层文化首次取代了上层文化,成为中国文化的主流。具体表现就是戏曲取代传统诗词歌赋,成为文艺的主体形式。徐子方在《元代文化转型与古典文学》中说:"翻开一部中国文学史,即不难感受到,一直处于正宗主流地位的诗歌散文,到了元代即一下子失掉了无可争议的优势,其黄金时代是一去不复返了……而且不仅在元代,即使这以后的明清两朝,尽管还有不少作家作品产生,但诗歌、散文的衰落已是无可挽回,作为文学发展中的主流地位它是永远地丧失了,取代它的古代戏曲一下子由过去被鄙视、一直处于非正统世俗地位而跃居传统诗文之上,成为时

---

[1] 曹玉珂:《过梁山记》,见《寿张县志》卷八《艺文志》,台北成文出版社,1976年,第681—682页。

代文学之主流。"

之所以如此,是因为元代是中国历史上第一个一统天下的少数民族王朝,马背上的蒙古人不懂诗词歌赋,忽必烈曾发出这样的疑问:"汉人惟务课赋吟诗,将何用焉?"精致高雅的上层汉文化对蒙古人没有什么吸引力,最能吸引蒙古人的是戏曲舞台,即使是在汉语不纯熟的时候,蒙古人也能大致看懂戏的内容,更何况以后文人们刻意逢迎蒙古人的喜好,编写了许多适合他们口味的作品。因此,戏曲业在元代获得空前的繁荣,就在情理之中了。"在元朝这一民族文化交融广泛展开的大背景下,蒙古民族作为统治民族,其审美观势必对作为俗文学的元杂剧产生影响……元杂剧的审美趣味是汉族下层人民和以蒙古族为主的少数民族人民的审美趣味的有机结合,以酣畅、本色、拙野为主要审美特征。"元朝建立后,科举制一度被取消,部分恢复后也形同虚设,成为"老九"的读书人只能与戏子娼妓等打成一片,成为戏曲创作的主力,以此换碗饭吃。因此,元曲成为元代文化最辉煌的成就,元代也成为俗文化压倒雅文化的时代。扎拉嘎说:"在元代以后,中国古代文学结构进入到俗文学为主体的时代。"

在元代杂剧的基础上,明清历史演义小说迅速成熟,以"演义""通俗演义""全传""志传""志""传"等为名称的通俗历史读物大量出现。百花齐放的小说作品又成为大量明清戏曲的基础,戏曲水平较以前出现质的跃升,对受众形成强大的感染力,"小说教"由此形成。

六

异军突起的"小说教"对中国社会做出了很多贡献,首先是向大众普及了历史知识。在传统时代,几乎每个中国人都大致知道中国历史的朝代顺序,"三皇五帝到如今",知道一些开国皇帝和著名将相的名字,能讲一点历史典故。"《东西汉通俗演义》《三国演义》《隋唐演义》《杨家将演义》《说岳全传》等一大批流传至今的作品陆续产生,对明朝以来中国人的历史记忆产生了深远的影响。"

"小说教"也塑造了中国人独特的历史情结。除了士大夫,传统时代普通中国人也经常言必称古,津津乐道,乐此不疲。姜萌说:"在世界文明范围内,中国人最富有历史意识。更重要的是,这种历史意识是笼罩所有人的,既包括庙堂之上的皇帝大臣,也包括江湖之远贩夫走卒。……在中国的文化中,有两个观念特别普及,甚至可以说人人皆知:'青史留名,永垂不朽''书之于史,遗臭万年'。这两个观念之所以有如此的传播力,主要是因为人们对历史学塑造、延续历史公共记忆功能的广泛认知。"

此外,小说教在发挥了不可替代的娱乐大众的作用的同时,也培养了民众朴素的向善抑恶、因果报应观念。姜萌说:"由于中国人强烈的历史意识,这种'历史审判'除了史官的书写外,甚至会在普通民众的日常生活中有所体现,譬如中国人早餐最常见的油条,实质可能就是'历史审判'的产物('炸秦桧')。"晚明大儒刘宗周说:"每演戏时,见有孝子悌弟,忠臣义士,激烈悲苦,流离患难,虽妇人牧竖,往往涕泗横流,不能自已。旁视左右,莫不皆然。此其动人最恳切,最神速,较之老生拥皋比,讲经义,老衲登上座,说佛法,功效更倍。"中华民族传统道德的一些基本信条因此代代相传。

七

但是,传统时代通俗史学的成就也有很大的局限性。

首先,它只注重普及、娱乐功能,缺失反思功能。

传统时代,通俗史学主动地选择与严肃史学分途,承担起娱乐功能,逃避反思总结的责任。因此虽然拥有人类史上最为丰富的古代史资料,虽然拥有发达的通俗史学传统,普通民众从漫长的历史中得到的结论非常简单:成功是因为皇上听了忠臣的话,失败是因为皇上听了奸臣的话。所以只要亲贤臣、远小人,大家都按照圣人的教导去做,天下自然太平。也就是说,民众对历史的看法简化成一种"忠奸模式"。

其次,小说教中的大部分作品主动追加愚民教化之功效,为统治者服务。

由于"小说教"的强大威力,统治者曾有意识地加以约束打压。但是"小说教"以大规模、娱乐性、弥散性、原子式等方式传播,怎么打压都挡不住,大有愈挫愈勇之势。因此,统治者开始注意把握引导小说演义的内容,利用小说戏曲为统治服务。

事实上,"小说教"从来没有脱离纲常框架。即使是多次被禁的《三国演义》《水浒传》等早期通俗小说作品,也是致力于提倡"正统",将英雄的正途归结为"受招安"。在朝廷的不断约束引导下,越到后来,"小说教"越致力于维护纲常,为统治者服务。比如,晚清俞万春认为,晚清人心之所以"败坏",起义之所以此起彼伏,就是由于《水浒传》"淫词邪说,坏人心术"所致。他著《荡寇志》,就是要"杜邪说于既作"。在《荡寇志》中,陈希真、陈丽卿父女受高俅父子迫害,却不"落草为寇",而是忍辱负重,以尊王灭寇,镇压起义来洗刷自己"犯上"之罪,最终把梁山一百零八将"尽数擒拿,诛尽杀光",然后入山修道,羽化登仙,成就正果。虽然这部小说艺术上相当成熟,文字精练流畅,但是思想方面可取之处实在不多。

本着"著书立言,无论大小,必有关于人心世道者为贵"的创作原则,大部分明清小说是"驯顺"的、守"规矩"的、"懂事"的,即使是那些侠义小说也是如此。

春秋时代,是中国侠文化的光芒最灿烂的时代。在《史记》《战国策》等书的记载中,春秋时代的侠客极端重视人格平等,在统治者面前也要争取自己的独立与尊严。他们行侠仗义,不是为利,甚至不是为名,而是为了心中的一股豪气。他们如同珍视眼珠一样珍视自己的个人尊严,对"平等"两个字的珍视甚至达到了敏感的程度。"孟尝君曾待客夜食,有一人蔽火光。客怒,以饭不等,辍食辞去。"即使在座位安排这样的小事上,他们也不能容忍任何的不平等。

然而明清小说中的"侠客"们，却一个个自愿攀附权力，沦为权力的附庸。春秋时代的侠客们天马行空，无视法律规范。而《三侠五义》中的侠客却个个自称"罪民"，以向规则屈服为荣。第四十五回钻天鼠卢方初次见到包拯，对身边的展昭说道："卢方乃人命要犯，如何这样见得相爷？卢方岂是不知规矩的吗？"于是自上刑具，而"众人无不点头称羡"。

春秋时的侠客傲视王侯，对任何人都不假辞色。而《三侠五义》第四十八回写五鼠面见宋仁宗，这些英雄好汉见到皇帝，都"心中乱跳""匍匐在地""觳觫战栗"，所谓的"江湖自由身"与权力一遭遇，立刻显出十足的奴性。"钻天鼠""翻江鼠"被皇帝改成"盘桅鼠""混江鼠"这类宠物式的命名，他们也都欣然接受。

如鲁迅所说，春秋时的侠客，是以"死"为终极目的，他们的结局也确实是一个个慷慨赴死而去，而清代小说中的侠客，却个个成了地主官僚，黑白两道都吃得开。如《三侠五义》所写，双侠丁兆兰、丁兆蕙家里广有田产，实乃地主豪绅，五鼠则是陷空岛渔霸。

读《春秋》《战国策》和读清代《三侠五义》《施公案》《彭公案》《儿女英雄传》，这些"侠义小说"的感觉是完全不同的。清代侠义小说已经完全成了忠君事上观念的宣传品。侠义精神受到专制伦常观念的深刻侵蚀，礼教尊卑鲜明地取代了自尊独立。鲁迅说，《三侠五义》中的英雄，表面上是侠客，实质上却是奴才，"满洲入关，中国渐被压服了，连有'侠气'的人，也不敢再起盗心,不敢指斥奸臣,不能直接为天子效力,于是跟一个好官员或钦差大臣,给他保镖,替他捕盗"。他们"虽在钦差之下,究居平民之上,对一方面固然必须听命,对别方面还是大可逞雄,安全之度增多了,奴性也跟着加足"。

最后,"小说教"中包含着大量负面文化因素,"毒化"了普通中国人的精神世界。

和"高雅"的上层文化比起来,底层文化质朴、直接、清新、自然。但是在"质朴""自然"之外,还有着"粗陋""浅薄",甚至"野蛮""丑陋"和"黑暗"的另一面。

"小说教"的第一个缺憾,就是人道精神的缺失。

在正统文化中,"人命"起码从理论上,在表面上,是天地间最贵重的事物。"天地之间人为贵""人命至重""仁者爱人"等字眼,充斥儒家经典。专制法律虽然残暴,但对人命还保持着形式上的尊重。比如,每年帝国所判的死刑,都要呈报给皇帝,由皇帝亲自校核审批,才能行刑。然而,在底层思维中,人命却是不甚值钱的东西。不但他人的生命不值得尊重,自己的生命似乎也不太值得珍惜。"头掉了,碗大个疤。""二十年后,又是一条好汉。"

在《水浒传》中,那个为很多读者衷心喜爱的英雄李逵,最突出的特点就是视人命如草芥。他本就是"因为打死了人,逃走出来,虽遇赦宥,流落在此江州"充当狱卒。《水浒传》第六十七回,李逵路经一店,吃了饭不给钱,被店主揪住,李逵索性将他一斧砍了。这种行径,在《水浒传》作者的笔下,就好像一个顽皮的孩子游戏时失手打了个碗碟,不但不是什么了不得的大事,反而还从一个侧面表现出这个孩子的活泼可笑。

《水浒转》第四十回,李逵在江州劫法场,"只见他第一个出力,杀人最多"。本来已经救出宋江,无须再使用暴力,可是李逵却杀性大起,"当下去十字街口,不问军官百姓,杀得尸横遍野,血流成渠,推倒倾翻的,不计其数"。后来,晁盖阻止李逵滥杀百姓,可是,"那汉(李逵)那里来听叫唤,一斧一个,排头儿砍将去"。

平心而论,此时的李逵已经成了一个地地道道的变态嗜血的狂魔,然而这一场景,一直被历代说书人当成"豪杰行径"绘声绘色地说,被数百年间的听众当成英雄人物的壮举,如醉如痴地听。

与此类似,卖人肉包子的孙二娘,简直是人间的魔鬼,"只等客商过往,有那入眼的,便把些蒙汗药与他吃了便死。将大块好肉,切做黄牛肉卖;零碎小肉,做馅子包馒头。小人每日也挑些去村里卖,如此度日"。如此不分善恶滥杀无辜之人,也是《水浒传》中的英雄。这类英雄在《水浒传》中还不一而足。林冲投奔梁山泊落草,来到朱贵酒店,朱贵亲口对他说道:"有财帛的来到这里,轻则蒙汗药麻翻,重则登时结果,将精肉片为靶子,肥肉煎油点灯。"

就连最能忍耐、滥杀最少、"为人最朴忠"的林冲,到梁山落草,也不得不同意先杀一个无辜之人做"投名状"。当时朱贵对他解释:"教头你错了。但凡好汉们入伙,须要纳投名状,是教你下山去杀得一个人,将头献纳,他便无疑心,这个便谓之投名状。"林冲的回答是:"这事也不难,林冲便下山去等,只怕没人过。"

由此我们可以看到,在底层文化中,对生命的尊重意识淡漠到了何等程度。由此我们也多少会理解那些秉承水浒精神揭竿而起的农民武装,为什么留下了那么多血腥和残忍的记录。

"小说教"传播的第二个负面因素,就是实用主义。

底层社会里物资极度贫乏,饥饿是每天必须解决的问题。在这个环境中生存,不需要太多迂阔的大道理,不需要什么"终极理想""人道关怀"之类的思想奢侈品,更无法谈什么"人的独立人格""自由个性""主体意识"。每个人首先要面对的问题是第二天的早饭在哪里。因此底层文化毫不掩饰人的物质欲望。《水浒传》里英雄们劫了生辰纲之后,并没有分给穷苦百姓的记载。《说唐》中贾润甫等劫掠官家财物,更是单纯为了自己享受。连整部《水浒传》中最为正面的人物之一鲁智深,在桃花山不辞而别时也没有忘记把金银酒器踏扁了裹在包袱里顺走。这种行为在上层文化中是不可能被认同的,但对底层的人来说,却天经地义。《水浒传》英雄们想的更多的也许不是"济贫",而是"劫富",是"论秤分金银,异样穿绸锦,成瓮吃酒,大块吃肉,如何不快活!"。历代农民起义军固然有李自成部这样注意军纪的,但更多的是如张献忠部那样热衷大抢大掠,并不以贪财好物为耻。《中国土匪》记载,清末土匪们流传的人生信条是"活着做强盗,做鬼也不冤""年轻不刁(欺负)人,到老后悔迟"。

"贫困对人的尊严和人性的堕落所造成的后果是无法衡量的。"（［美］查尔斯·K.威尔伯）底层文化是被实用主义、功利主义所困的文化，它缺乏基本的形而上的东西，不可能给中国社会提供新的思想资源。相比之下，倒是正统文化里，包含了一些超越性的因素，比如"老有所终，壮有所用，幼有所长，鳏寡孤独废疾者，皆有所养"的大同理想。

"小说教"传播的第三个负面因素，是帮派意识。

在正史中，刘备、关羽和张飞只是较为亲密的君臣，并未结拜。然而江湖艺人以底层文化的思维习惯，把他们的关系改造成了结义关系，并且这种关系的建立，是出于实用目的。《三分事略》描写刘关张三人结拜，是因为关羽、张飞二人看到刘备"生得状貌非俗，有千般说不尽底福气"，有靠他发迹之意。其他有关三国故事的通俗文艺中，还有的说关羽最年长，只是刘备最有帝王之"福相"，只有靠他才能把自己带上"发迹变泰"的道路，这样关张才拜他为大哥。[1]

梁山好汉们的义气，在今天看来，其实也不过是一种帮派意识。这种义气所施的范围只是自己的兄弟。只要是兄弟，干什么都是对的。戴宗在江州做狱吏，欺压犯人，逼勒财物，作威作福；张青、孙二娘开人肉包子铺，专取过往客商性命。这在任何主流文化中都是不能容忍的犯罪行为，在《水浒传》中，

---

[1] 王学泰：《游民文化与中国社会（增修版）》（上册），同心出版社，2007年，第306页。

却被称为是好汉的作为。原因很简单,他们后来上了梁山。

底层文化的妇女观更令人绝望。

正如王学泰在《游民文化与中国社会》中分析的那样,正统文化本身虽强调男女不平等,所谓"夫为妻纲"即为明证,但是正统文化还是强调家庭的重要性,强调正妻的家庭地位,所谓"妻者,齐也",欣赏在"夫为妻纲"基础上的夫妻间的"举案齐眉",相互尊重。然而,底层文化对妇女,却充斥着赤裸裸的贱视甚至敌视。

《三国演义》中刘备常挂在口头上的是"兄弟如手足,妻子如衣服"。这是后世游民对待妇女的基本态度。刘备兵败逃难,路上粮绝,猎户刘安杀其妻,用妻子的肉款待他。作者还把这个情节作为具有正面意义的故事向读者讲述,这种对待妇女的态度,在正统文人作品中是极为少见的。[1]

水浒英雄们的妇女观更令人绝望。《水浒传》中提到某人喜爱习武,肯定要附上一句"不爱女色"。例如,晁盖"最爱刺枪使棒,亦自身强力壮,不娶妻室,终日只是打熬筋骨";卢俊义"平昔只顾打熬气力,不亲女色"……《水浒传》中的年轻妇女很少有好下场,连女英雄扈三娘也被指婚。拥有海棠容貌的她被许配给矮小、丑陋又好色的王英,她的反应是"低首俯心,了无一语",木然处之,这种描写显然反映了底层民众对女性的要求。

---

[1] 王学泰:《游民文化与中国社会(增修版)》,山西人民出版社,2014年,第316页。

这些观念对中国底层民众的影响是巨大的。明末农民军的首领们,把这种野蛮演绎到了极致。李自成困在巴西鱼腹诸山走投无路时,算了一卦,结果是大吉。卜者谓,李自成有帝王之分。于是,身边人纷纷坚定了奋斗下去的决心。大将刘宗敏立刻"杀其二妻,谓自成曰:'吾死从君矣!'军中壮士闻之,亦多杀妻以从者"。

这种影响到近代仍然如影随形地存在于中国底层社会。在绿林世界里,女人除了供男人消遣,别无用处。正像电影《摇啊摇,摇到外婆桥》里的黑帮老大所说:"兄弟的事再小,也是大事;女人的事再大,也是小事。"《民国时期的土匪》提到,一个匪首在行军中仅仅因为妻子小脚走得慢,就毫不犹豫地一枪把她打死。

八

"小说教"自从出现,就展现出"精神原子弹"般的影响力,社会各阶层都不乏"三国迷""水浒迷"。不光普通民众的价值观念、是非判断受到俗文学、俗文化的强力塑造,就连帝王和士大夫也都深受其影响。

这方面的事例很多。除了慈禧太后外,明清两朝喜欢看戏的皇帝后妃不计其数。明代很多皇帝比如天启皇帝从小"不好静坐读书",爱看锣鼓喧天的武戏,甚至喜欢干木匠活儿,这都是底层文化影响宫廷上层的表征。[1]

除了皇帝后妃外,士大夫读起小说来也是娓娓不倦。清代袁枚《随园诗话》记载:

> 崔念陵进士诗才极佳,惜有五古一篇责关公华容道上放曹操一事。此小说演义语也,何可入诗。何屺瞻作札,有"生瑜生亮"之语,被毛西河诮其无稽,终身惭悔。某孝廉作关庙对联,竟有用"秉烛达旦"者。

关公在华容道上放曹操,既生瑜何生亮,关公秉烛读春秋,这都是小说家言,并不是历史事实,然而因为"小说教"的影响,被士大夫们当成了正史真事入诗,贻笑大方。从这则记载我们可以看到《三国演义》对某些士大夫的影响,比《三国志》更深。底层文化逆向浸润到上层社会,成为全民的精神基础。

直到今天,"小说教"仍然有着强大的生命力。今天的中国人,仍然是几乎人人熟读至少是熟知《三国演义》《水浒传》。因此提起中国历史,纷乱而短暂的三国几乎是全民最熟悉的一

---

[1] 明代的很多皇帝身上都表现出浓厚的流氓性,这也与明代的选妃制度、皇子教养制度有关。《廿二史札记》记载:"明史载明祖之制:凡天子、亲王之后妃宫嫔,慎选良家女为之,进者弗受,故妃后多采之民间。"为了避免外戚干政,明代专门选取出身社会底层的女子为后妃。这样就代代不断地把底层文化的特质带入宫中。同时,明代宫中的规矩是后妃不亲自抚养婴儿,皇子由奶妈、太监和宫女们照料,这些人更都来自社会底层,由此受到他们的影响。

个时段。由《三国演义》《水浒传》改编而成的电视剧一拍再拍，每一版都能引起巨大关注。除此之外，以三国为母本的新小说，以三国为基础的电子游戏也是数以百计，这些都将"小说教"的威力推到一个新的高峰。正因如此，我们才要充分注意传统小说的负面因素对人的影响，在"津津有味"的同时，也能偶尔抽离审视，多一重思考。

为什么人们关注假消息?

俄乌战争第一天,网上就充斥着各种假消息。当天下午,我老舅连着给我发了俄罗斯一小时二十二分拿下基辅、乌克兰总统已经被炸身亡的消息。过两天,他又给我发来一条视频,说是乌克兰国防部大楼被炸。我一看,那是2021年以色列攻打哈马斯时的视频。

每次我老舅给我发来假新闻,我都要耐心给他揭穿一下。但是我揭穿了前一百条,他发来的第一百零一条,还是假消息。

这就让我想起了一个笑话。一个猎人上山打猎,遇到了一只熊,没打倒熊,反而被熊那个了。猎人又羞又怒,第二天又上山猎熊,又被那个了。几天后他再次上山找熊,结果又被熊给那个了……完事后熊靠在树上说:你就是来那个的吧?

讲这样粗俗的笑话,不好。那么我们再换一种容易理解的说法,一个人如果错了一次,那是错误。如果在同一件事情上错了几十次,那么错误就是他的一种生活方式,一种主动选择。

为什么要选择接受假消息呢?

第一个原因，假消息使人快乐。假消息往往让人感觉刺激、过瘾、爽。

对很多人来说，新闻的第一大功能不是接收真实信息，而是娱乐。新闻是最大的娱乐，交流新闻是最重要的社交方式之一。所以咱们把看新闻说成是"吃瓜"。俄乌战争爆发后，多少人废寝忘食，夜以继日地追踪新闻，连日参与群里的讨论，这可能主要不是因为他关注人类命运或支持某一国，仅仅是因为基因中的"快乐本能"。

而让人快乐的信息有一些典型特征：思路简单、信息量密集、有故事性、冲击性强。符合这样条件的真新闻不多。我们都知道，新闻传播的规律是"人咬狗"才是新闻。真材实料不加调味品的新闻不好吃。往往是越假，添加剂越多的"瓜"，吃起来越过瘾。假新闻可以精准迎合大众的接受心理，看起来刺激、过瘾，所以更受欢迎。

假消息给我们带来巨大快乐，然后独乐乐不如众乐乐，我们总会第一时间把最劲爆的假消息分享到群里面。在分享过程中，我们还可能根据自身喜好删改与编造信息。假消息传得越广，协作修改的人越多，结果就越适应大家的接受心理。最终"劣币驱逐良币"，一份最假的假消息就会击败真消息，占据主流。

第二个原因，人们缺乏基本的知识基础和分析能力。

不得不说，很多人的判断力是低于我们的想象的。有研究者发现，无论多假的新闻，只要在标题上加一个谣言作者的自我评价"真事儿",传播量可以增加两到三倍。

俄乌战争之初,我发了一篇公众号文章,我说泽连斯基还在基辅。读者的评论中,至少有二十人质问我:不是已经跑了吗?我回复了几位读者:你的信息源是哪里?看一条新闻,首先要看信息源是什么。

结果,在沟通过程中,我发现,有很多人居然不知道"信息源"是什么意思。确实,很多人看新闻时,从来不会注意来源是哪个媒体。很多人往往认为,只要是媒体发布的,都是真的。

这一事实反映出,今天的中国社会,虽然识字的人很多,但是具有基本分析能力的人不是特别多。原因之一,可能是大部分人的阅读量太低。

俄乌战争发生之后,我的朋友圈立刻分裂成两派,观点极端对立,吵得不可开交。有人催促普京早点使用核弹;也有人反对战争,坚决支持乌克兰抵抗到底。

我和里面的三位朋友进行了深入交流。他们的工作分别是企业家、某地新华书店的负责人、事业单位中层。他们态度极为鲜明,立场非常坚定,逻辑相当清晰。

我问他们,你们知道俄罗斯信什么宗教吗?

有一个人知道是东正教,另两个人说是基督教。我问知道是东正教的朋友,你知道东正教和天主教、基督教的区别,以及它对俄罗斯民族性格、民族精神的影响吗?他回答,这几个教不都是一回事吗?不都是信上帝吗?

时间长了,我发现在网上最喜欢发言、态度最鲜明的几个人都有一个共同特点:对俄罗斯和乌克兰都不了解,对世界史也缺乏最基本的了解。

所以,在网络时代生活你需要培养点最基本的分析能力。在信息量过载的今天,人们往往以为实现了新闻极大丰富,选择权在我。事实上并非如此。分析真假新闻,有一个简单的标准:如果一个消息源发布的东西总是让你感觉刺激、过瘾、爽,你就应该对它高度警惕了。

当然,如果一个人提高了辨别力,生活中就丧失了很多快乐。对很多生活中没有别的快乐的人,这更是致命的。这也是一个悖论。

第三个原因,是人们不愿意改变自己的成见,因为改变成见是痛苦的。

人们接受的假消息往往是同一类的。古人说,兼听则明,但是人们现实生活中却喜欢"偏听偏信"。丹尼斯·库恩说:"人有着使各种思想、知觉和自我形象保持一致的需要。"因为"各种思想间的矛盾或冲突会引起个体的感觉不适"。

所以人们都本能地寻找和自己以往经验相近的观点,忽略或批判对立的观点。老舅是坚定的挺俄派,所以他很容易接受任何有利于俄方的消息。他发给我的俄军三弹击塌乌克兰国防部大楼的视频,里面的人穿着T恤,与乌克兰当时的气候明显不符,他居然毫无察觉。

有一个读者开始是质问我凭什么说泽连斯基没跑,我就和他探讨他的信息源问题，结果他不回答我的问题，转移焦点，开始质疑我的立场。这与我老舅和我的交流是一模一样的。我老舅说的一件事被证伪后，他马上就会转移话题，通过别的东西来证明自己的正确。你说城门楼子，他说胯骨轴子。你跟着他说胯骨轴子，他又开始说大马猴子……他从来不会聚焦于一个事实，通过厘清一些简单的事实来改变自己的思维方式。应该说，这样的人在生活中可能占百分之九十五。我的经验是，只有百分之五左右的人，有反思能力，有改变自己的欲望。

第四个原因，在于你的朋友圈。你身边的朋友们是什么观点，你往往也是什么观点。他们信什么，你也很容易信什么。因为从众的无意识心理机制弱化了独立判断。个人如果表现出与群体不一致，通常会受到来自群体中的其他人的压力，被其他人冷落或孤立。丹尼斯·库恩说："生活在强调'集体合作'的文化中的人们可能更容易从众。"

今天的假消息制造者很精于控制评论，制造氛围，无论文章写得多么离谱，只要评论里一大片赞同声，就能让更多的人相信。

所以强调"群体"价值的社会，基本观念分裂的社会，最容易被假新闻左右。古斯塔夫·勒庞说：群体心理容易表现出智力低下、判断和推理能力下降、易受到暗示和轻信、性格偏执、情绪夸张等。"群体只知道简单而极端的感情，提供给他们的各种意见、想法和信念，他们或者全盘接受，或者一概拒绝，将其视为绝对真理或绝对谬论。"

我对我老舅深表忧心。我统计了一下，他分享在家人群里的消息，有百分之八十八是假的。当一个人头脑中装了百分之八十以上假货的时候，这个人再怎么红光满面，也让人堪忧了。

我们应该怎么走近历史——谈历史类影视剧和小说

一

之前,我参加过央视的一个电视节目,主题是讨论历史应不应该"戏说""穿越""玄幻""架空"。

我的观点是,当然可以。其实这个问题问得有点幼稚,就好比问餐桌上能不能摆凉菜。"戏说""穿越""玄幻""架空"都是正常的创作手段,正如凉拌菜是一个食物品种,当然可以做。

事实上,戏说并不是外来的"洪水猛兽",中国文学本来就有强大的戏说传统,四大名著中有两部都是"戏说":《三国演义》是戏说《三国志》,《西游记》是戏说《大唐西域记》。至于"玄幻",《西游记》和《封神演义》都算经典。

所以无论是戏说还是玄幻,应不应该做,本来就不必讨论。不过,编导把这个郑重其事地当成一个问题拿到电视上讨论,也不是没有原因。主要是这类影视文学作品太过同质化,质量不高，引起了很多批评。

所以我们真正的问题，不是应不应该拍，而是怎么拍。

无论是小说还是影视，中国穿越玄幻作品大都有一个共同的主题，那就是"幸运"：在《庆余年》中，范闲穿越到了人类灭亡后再度兴起的世界，凭借前世记忆里的唐诗宋词、明清小说，成了新世界里的文坛巨匠。网络小说《斗破苍穹》中萧炎遇到了拥有异能的药老，帮助他轻松化解了重重危机。大量网络文学的共同主题也都与此类似。

"幸运"背后其实是"逃避"。这类影视剧本质上都是一种白日梦，和金庸的小说一样，都是成年人的童话，可以帮助我们有效地暂时逃避现实，忘掉围绕在我们身边的种种艰难和复杂。它们就如同我们生活中的高糖饮料，让我们暂时缓解压力。

但是，正如高糖饮料被称作"肥宅快乐水"一样，这类饮料喝多了可能会导致健康问题。做白日梦是每个人的权利，我们不必对这些影视作品进行太多的道德批判，但毫无疑问，这种逃避主义只能带来短暂的精神放松，并无其他补益。它们可以让课业沉重的孩子暂时忘掉作业，但是真正的问题其实并没有解决，甚至还因为被拖延而不断恶化。

其实玄幻剧、戏说剧同样可以拍得更有营养、更有质量，可以给人一定的启发和力量，或者说，可以很好地传达正面的价值观，比如，系列电影《哈利·波特》从形式上说，也可以称为玄幻或者魔幻。不过它的本质是一部成长电影。整部《哈利·波特》主旨就是两个词：爱与成长。虽然是一部非现实题材的作品，但是它却致力于表现哈利从儿童到青年经历的成长中的阵痛：艰难的逃亡生活，和最好的朋友争吵，至亲好友的惨叫和死亡……形式上的魔幻，没有影响作者对于哈利心理描写的真实，因此它很容易引起孩子们的共鸣，在带给他们娱乐的同时，还有助于他们在成长中获得勇气。电影的另一个主题是爱。《哈利·波特》中最伟大的魔法，不是其他，而是"爱"。为什么伏地魔不能战胜哈利？因为"他不懂什么是爱和友谊"。在《哈利·波特》中，最终是爱击退了愤怒与仇恨。这符合人类的主流价值观。

每个人都有做白日梦的权利，只不过，白日梦其实也可以做得非常精彩，给人带来更大的精神享受。

二

除了"逃避"，近年来比较火的中国网络文学以及历史类影视剧另一个常见的主题是"权谋"。

2007年，我在网上看到一部很有影响的连载小说，给我造成了很大的"心理伤害"。

和《哈利·波特》一样，它也是一部"成长小说"，不过它讲的内容，是一个男孩，如何从原本老实、听话、成绩优秀但被人欺负的好学生成为黑社会老大。男孩从自己的成长过程中总结出的经验是"黑道就是个弱肉强食的世界，胜者王，败者寇，谁强谁就是道理，谁赢谁就是天王"。它很直接地告诉读者，今天的社会是一个弱肉强食的社会，保护自己的唯一办法，就是变成"坏蛋"。它在网上极受欢迎，被改编成了网络电视剧，还被标记成"大型励志电视剧"。它的作者也获了奖。

文化生态圈应该是复杂的，可以容得下各种类型和倾向的作品，不过在正常的文化生态当中，这类小说应该是非常"小众"、接受度非常有限的，因为它的价值观无疑是相当扭曲的，让人不寒而栗。因此它在网络上如此受欢迎、受肯定，让我非常震惊，我当时还天真地在网上发言批评它。不想，十多年过去了，类似的影视文学作品依然存在：前些年大火的古装电视剧，几乎都是以"权谋""权力"为主题。在这类剧中，权谋无处不在，收买人心、偷梁换柱、借刀杀人、栽赃陷害、瞒天过海……每个人都生活在三十六计当中。如我的一位朋友所说，皇帝每天都在琢磨驭下之术，臣子每日都在琢磨升官之道，后宫每时都在研究争宠之计。似乎我们的老祖宗就会干两种事，一是上床搞女人，二是下床搞政治，男的都想当皇帝，女人都想嫁给皇帝。男人活着为了争权，女人活着为了争宠，此外无他。在这些作品当中，善良的人下场往往是悲惨的，只有"以暴制暴""以奸制奸"，心黑手狠，才能获得成功。

这无疑是不正常的。历史上不是没有宫斗，不是没有钩心斗角，但是某些剧中的宫斗，和历史真实比起来，过于夸张和密集了，夸张密集到了变形的程度。一个人的脸上长一两个小痘痘很正常，但是如果一脸全是痘痘，给人的视觉感受就完全不同，会让人得密集恐惧症。

真实的古代社会并没有今天的影视剧所表现的高浓度的厚黑，这类电视剧所体现的，其实是今天，而不是过去。中国历史上可能没有哪个时代如同今天这样，如此多的人潜心研究"潜规则"，讲办公室政治。一个朋友和我说，在他们单位，个个把领导当皇上，把同事当敌人，心思都用在人情世故上。在这样的氛围下，这类电视剧受欢迎就很容易理解了。"宫廷剧的叙事套路，以及所宣扬的斗争哲学，迎合当下部分受众的心理：即世界复杂、人心险恶，运用权谋智慧，就能快速实现草根向上的阶层跨越。在生存的压力下不断磨平棱角的受众，观剧时能产生认同感。"[1]

除了那些"戏说""架空"的历史剧，一些所谓的"正史""正剧"，其实也好不到哪里去。它们虽然摆出"严肃"的架势，实际上却在情节设计上、史料选择上任意穿凿附会，以现代情节剧的模式裁剪史实。这些帝王戏的主题几乎都是在歌颂明主，颂扬铁腕，渲染帝王意识、权力崇拜。四阿哥胤禛同时出现于众多电视剧中，全部都是正面的形象。这些剧深情演绎雍正皇帝的雄才大略、儿女情长、为民牺牲，但是没有一部电视剧敢于反思他的局限、错误乃至罪恶。

网络文学和影视剧的本质就是娱乐，我们不必对它们期望值太高，不可能要求它们每一部都能提升人的灵魂。就像一些垃圾食品虽然没什么营养，但你愿意用它们打发时间，这是你

---

[1] 殷曼：《女性题材宫廷剧的接受心理研究——以〈甄嬛传〉为例》，华中师范大学，2014年。

的自由，法律已经给这种自由提供了保证。但是，它们应该有底线。文化作品不应该公开宣扬权力崇拜、金钱崇拜、暴力崇拜。不应该挑战平等、正义这些人类的普遍价值，津津有味地讲述厚黑的生活方式，渲染阴谋文化，充满羡慕、扬扬得意地描述如何不择手段地获得成功。这是一种"元叙事"的崩坏。

三

不过和这两年迅速崛起、横扫网络的微短剧比起来，上面我们提到的那些长篇电视剧居然又显得有一定水准和底线了。

这两年，网络短剧迅速成为大众日常娱乐消费的主流，很多短剧在短时间内赚得盆满钵满。不过这些短剧的内容非常狭窄，无外乎是豪门恩怨、重生复仇、手撕渣男（女），而且情节大多极度弱智："穷小伙遭百般羞辱，穿越后成功翻身复仇，霸占地主家两个女儿""她的未婚夫出轨自己的好友，随后被两个人设计，出车祸而死，当她再次睁眼，发现自己重生到了车祸前，开启了爽炸天的复仇之路，在这个过程中，她救了本应溺水而亡的影帝，与其联手让渣男茶女付出了应有的代价，并收获了真挚的感情""身价上亿的总裁在咖啡厅谈生意时，被一位靠摆地摊谋生的女孩错认为相亲对象。女孩提出闪婚要求，总裁隐瞒身份答应了下来"……

这类短剧通常以一系列的巧合、意外，通过高强度的情节密度与情节落差，让人在短短一两个小时内，在一个又一个

"爽点"下体验重生、暴富、逆袭、打脸、复仇,毫不费力地抵达成功的彼岸。和电视剧比起来,权谋、权力和白日梦的主题没变,只不过进一步突破了逻辑的约束,刷新了智商的底线。它们为疲惫的人们提供了一袋又一袋电子榨菜,让他们暂时舒缓精神,以便第二天继续投入无望的内卷中。

四

如此巨量的以白日梦和权谋为主题的文化娱乐作品在短期内出现,是人类文化史上的一个非常特殊的现象。

好莱坞电影是资本主义文化市场的产物,但其实仍然有一定底线。如果总结一下,好莱坞电影数量虽多,所弘扬的价值无非就那么几种:正义战胜邪恶,个人英雄主义,亲情和友情。好莱坞的爱情,基本上都是王子与灰姑娘的童话,几乎每一部作品都在歌颂自由的、纯真的,打破地位、等级的爱情。他们绝不敢赤裸裸地表现对高富帅的崇拜和对矮穷丑的蔑视。好莱坞电影总是提倡文化包容性,提倡对不同种族、文化的包容,提倡对友情、自由和信念的褒扬,追求正义、平等和民主。如《野战排》这类战争题材反思的是战争对人性的扭曲。它们极少会宣扬权力崇拜、等级意识和暴力崇拜。

在资本决定一切的市场里,好莱坞电影之所以能保持价值观有一定底线,这是因为资本在好莱坞无法一家独大。除了资本之外,宗教信仰、法律、公民团体、舆论监督,都会对文化作品形成强大约束，让那些非常小众的、不太符合大众价值观的作品可能也有一定的存身之地，但是空间很小。比如，美国的社会团体是限制电视节目低俗化的重要力量，家长团体和未成年人保护团体，如"儿童电视行动组织"和"家长与教师联合行动委员会"等，都会对文化产品的品质形成强大的约束和压力，让它们无法轻易突破底线。

　　一个文化作品的好坏，主要并不取决于它的形式、题材。适度的戏说，有助于让历史人物脱去过于僵化刻板的面具，从另一个角度表现他们的复杂与有趣，也未尝不是好事。我们需要重视的，不是形式，而是它的才华、技术和价值观。因此，戏说剧和玄幻剧等当然可以拍，甚至可以拍得天马行空、才华横溢，可以拍得非常有水准，前提是，不要突破人类价值观的底线。

第三部分

我们为什么要读历史

很多时候,历史研究者就如同福尔摩斯一样,进行的是一桩又一桩陈年迷案的侦破工作。相对来说,越是久远的历史,越难厘清。

尊重大众的读史需求——我的公共史学实践

迄今为止,我没有发表过关于公共史学的专业论文,但是参与了公共史学很多方面的实践:我写过十多本可以认为是通俗史学的书,做过《百家讲坛》的主讲人,是两部历史类纪录片的总撰稿,在喜马拉雅制作过历史类语音节目,还有一个发布自己历史类作品的微信公众号。

所以,我想结合我自己的实践,谈谈我对通俗史学的理解。

一

1990年,我上大学的时候,并没有选择历史专业,而是成为东北财经大学投资经济管理专业的一名学生。直到今天,仍然有读者问我为什么做出这样的选择。原因其实很简单,第一点是当时历史专业不好就业。这个问题今天也仍然一定程度地存在。另一点是虽然我不喜欢财经,但是我更讨厌历史。事实上，在中学时代，历史是我最讨厌的课程之一。本来非常丰富多彩的历史被压缩为干巴巴的事件概述、年份、地点、意义……这种教育方式，在我看来，就像把一盘热气腾腾、香味扑鼻的好菜冷却、风干，分解成维生素、纤维素、糖、盐和味精，让人一样一样地吃下去。我想象不出有什么事能比这个更愚蠢。正是这种教育方式，导致了我对历史这门学科的反感。

不过，就是在大学期间，我对历史产生了强烈的兴趣。

因为对财经不感兴趣，我成了一个经常逃课的"坏学生"，财经大学的图书馆书不多，我就经常在早饭后，在学校门口坐上公共汽车，来到位于白云山中的大连市图书馆，在那里一泡就是一天。我在那里读到了黄仁宇的《万历十五年》、戴逸的《乾隆帝及其时代》、汤因比的《历史研究》和格鲁塞的《草原帝国》。

什么叫通俗史学？我自己的理解是，只要非历史专业的普通读者能读得懂，并且喜欢读的历史类作品，都可以划入其中。换句话说，能对历史学界之外的读者产生广泛影响的，都可以称为通俗史学。如果按照这个标准，上述几本书都是。历史课本枯燥无味，然而，在大连市图书馆读到的这些好书让我看到历史是有趣的，甚至可以说是迷人的。伟大的学者们讲述历史的声音听起来那样富于磁性。比如，《草原帝国》那富于气势的序言和《万历十五年》那洋洋洒洒的开头，这种优美而有吸引力的叙述在一瞬间就改变了我对历史的印象。这些书不仅引起了我对历史的兴趣，甚至决定了我一生的走向。

四年后,我大学毕业,被分配到一家国有银行,我的工作是撰写贷款项目评估报告,具体地说,是以高等数学为工具对企业财务报告进行分析。因为工作枯燥无趣,我开始在工作间隙在电脑上打字,敲打出一篇又一篇历史随笔,几年后出版了自己的第一本历史随笔集。在出版了七本历史类作品后,我结束了十二年的银行职员生涯,进入大学,成为一名专门的历史类作品写作者。后来我又读了复旦大学历史地理研究所的历史学博士,在清华大学历史系做了三年多的博士后,后来进入中国人民大学清史研究所。

二

我重点要说的是,每个人包括一个曾经讨厌历史课的财经大学的学生,其实都有强烈的读史需求。历史是有魅力的,甚至可以让原本讨厌历史的人,变成历史作家。

普通读者历史需求的强烈程度,也许是专业历史研究者所不能理解的。

普通读者的历史知识需求,有多个层次。

第一个层次是基于追根溯源这种人类的本能。要不然我们就无法解释为什么人类历史上出现那么多族谱。人类本能地需要知道自己处于什么样的空间位置,也需要知道自己处于什么样的时间位置,所以我们从小才喜欢听老人讲家族的故事。

第二个层次是汲取信息的需要。人类喜欢阅读历史,就和他需要早晨起来看新闻或者茶余饭后交流小道消息一样，都是由尽可能多地获取信息的本能决定的。表面上看，地球另一端一个国家的火山或地震与自己并没有什么关系，但实际上这种广泛获取信息的本能非常重要，关乎一个人的生存。关于人类为什么喜欢看新闻，社会学家的解释是因为人是社会动物，需要随时了解掌握自己所处群体的状况，以便对自己生活中的具体事务做出衡量判断。了解历史的意义与此类同。一个人只有尽可能全面地掌握他所生存的这个世界的真实信息，才有助于他做出人生中一个又一个复杂而微妙的衡量和判断。读史的意义与此类同。新闻是对这个世界的横向了解，而历史则是纵向了解，只有这两个方向交织起来，一个人的信息世界才会完整。

我们从小喜欢听老人讲家族的过去。长大之后，我们也本能地想了解我们所处的更大的群体，也就是民族和国家的过去。经常有人问我学历史有什么用。我的回答是，只有了解一个国家的过去，你才能瞭望它的未来。之所以要关心它的未来，是因为我们生活在其中。就像一个坐在大巴中的乘客，你不可能不关心它要开到哪里。

第三个层次是生存实用的需要。不光是了解未来需要历史，了解现在更需要历史。今天的中国正处在新旧交汇的河口，传统与现代，在各个层次交错重叠。从器物层面上看，我们的生活已经是全面现代化了。但是在现代化的外衣之下，传统中国的内核正在如几千年前一样安详地、不动声色地静静旋转。这种传统与现代的交错，造成了中国社会的变幻莫测、光怪陆离。要了解这个国家、这个社会,离开历史这个角度是不可能的。

因此,在一定程度上说,了解历史,是生存的需要,而且在传统时代就是如此。胡三省说,不光是皇帝要学历史,各个阶层都需要学历史。普通中国人学历史,一个重要的目的是更好地在社会上生存。

> 为人臣而不知《通鉴》,则上无以事君,下无以治民;为人子而不知《通鉴》,则谋身必至于辱先,作事不足以垂后。乃如用兵行师,创法立制,因不知迹古人之所以得,鉴古人之所以失,则求胜而败,图利而害,此必然者也。[1]

去年夏天我参与一个作家"进校园"活动,到一中学做讲座。我讲了乾隆出于集权需要,如何防范自己的兄弟。后来弟弟弘昼心理变态,长年抑郁自闭,甚至以演习自己的葬礼为戏。我本意是想说明专制权力侵蚀亲情之可怕。但是讲完后,主持的老师总结,对初中生来说,张老师是要告诉我们做人的道理,就是要低调,不要张扬,才能成功。

实际上,相当多的普通读者读史,是为了向历史学习生存智慧。今天大众读史,有大量的"成功学"的需要。这种需要

---

[1] 胡三省:《新注〈资治通鉴〉序》,载《资治通鉴选》,中华书局,1965年,第392页。

有健康的成分，也有大量的不健康的成分，所以才有了官场小说、办公室兵法的畅销和厚黑学盛行。但无论如何，这种需求是切实存在的。

第四个层次则是从事某些职业的人对历史知识的需求比其他人更迫切。众所周知，政治家必须了解历史，否则他无法很好地领导一个国家。中国的传统史学目的很明确，那就是资治，换句话说，是给政治家服务。司马光写《资治通鉴》的目的，主要就是给帝王看的。这个传统从上古时代就开始了。《诗经·大雅·荡》："殷鉴不远，在夏后之世。"宋神宗在给《资治通鉴》作序时，即引用了这句。王夫之甚至说如果没有经世的作用，历史就没有存在的理由："为史者，记载徒繁，而经世之大略不著，后人欲得其得失之枢机以效法之无由也。则恶用史为？"[1]

艺术家需要了解历史，起码是艺术史，这有助于他的艺术水平达到一个基本的高度。

我发现我的读者群体当中，新闻工作者很多。其原因也许是媒体工作者在终日横向关注这个世界的同时，尤其需要纵向的知识为背景，才有助于他们理解现在发生的一切。著名新闻理论家、新闻教育家甘惜分教授也说："新闻工作者要努力成为历史学家。"甘惜分教授倡导"新闻与历史同一论"，希望新闻记者以历史学家的眼光观察生活，既真实又要有深度地记录生

---

[1] 嵇文甫：《王船山史论选评》，中华书局，1962年，第11页。

活。他说，新闻和历史是分不开的，任何历史发展都是一个过程。新闻工作是当前的工作，但新闻工作者一定要具备历史学家的素养。任何科学都是历史的科学，任何学问都是有历史的，不懂历史的人会很无知，对于记者，特别是要熟悉中国的历史，因为今天的中国就是昨天、前天的中国的发展。[1]

另外，我还发现经济界的大部分人也都特别喜欢读史。很多经济学家认为，历史是他们整个知识结构中非常重要的组成部分，是他们了解这个社会必需的工具。经济学家李伯重写过一篇文章，叫《为何经济学需要历史》。他讲了一个典型的故事：

> 为什么对于做经济工作的人来说历史很重要呢？道理很简单：今天是昨天的继续……所谓"中国特色"，就是中国长期历史发展形成的传统……不了解这种传统，要真正认识今天中国经济遇到的问题也是不可能的。[2]

李伯重举了一个很有意思的例子。他说：

> 如果我们把今天的情况和两百年前的情况做一比较，那么可以清楚地看到，19世纪初中国富裕的地区，今天仍然是富裕的地区，19世纪初中国贫困的地区，大多数

---

[1] 甘惜分：《记者要有大局意识》，《新闻与写作》2014年第4期。
[2] 李伯重：《为何经济学需要历史》，《读书》2015年第11期。

在今天仍然是贫困的地区。

因此我们可以说，历史总在新的情况下以新的形式复出，或者说"过去"总会"重出江湖"。

世界银行前首席经济学家费希尔近日在牛津大学人文系列讲座中表示："我从中央银行历史中学到的与从理论研究中学到的一样多，想当央行行长，就要多读历史书。"[1]

第五个层次，也是很重要的一个层次，就是历史具有强烈的娱乐功能。人类爱看新闻，除了理性的需要之外，更包含着猎奇和消遣的心理需要。唐宋以来，中国市井百姓就喜欢在茶余饭后听历史演义。历史的娱乐性之强，是其他娱乐产品无法取代的。

因此，了解历史并不仅仅是历史学家的需要。事实上，历史学家圈子之外的人也许对历史知识的需要更广泛，也更强烈。卡尔·贝克说，"人人都是他自己的历史学家"，每个人都在时刻以自己的历史观来解释过去、现实与未来。一定程度上我们可以说，读史和吃饭、睡觉、看电视一样，是一个现代文明社会中人的基本需要。

需要重点指出的是，很多人，特别是专业历史研究者往往对普通读者的读史需求有一种误解，认为普通大众只需要那些肤浅的、猎奇的、故事性强的历史普及读物。这是一种极大的

---

[1] 李伯重：《为何经济学需要历史》，《读书》2015年第11期。

误解。事实上，在我提到的这五个层次的需求当中，前四个层次，都是比较严肃的读史需求，只有有一定学术含量和思想含量、态度认真的通俗史学作品才能满足。其实对很多读者来说，这样的作品也一样能满足他的第五个层次的需求，也就是娱乐性需求，比如对于我们来说，一本好读的历史类学术作品带来的阅读快感，并不亚于一本小说。

三

我认为普通读者的读史需要，并不是可有可无，而是对我们这个社会意义重大。

现代学术发展的一个特点是门槛越来越高，与普通人的距离越来越远。比如，《生活大爆炸》中的佩妮，竭尽全力也无法理解她丈夫莱纳德关于其工作内容的最浅显的解释。

不过这种现象不会妨碍我们的生活，因为物理学的理论研究与实际转化之间的渠道一直是非常畅通的，因此普通人不必去掌握那些高深的专业语言，却可以方便地享受到手机、电视、汽车给我们带来的生活便利。

然而，历史普及和转化有时却进行得非常不充分。在传统时代，历史是没有门槛的，本无通俗史学和专业史学之分。因此历史是普通读者阅读构成中的必读部分和重要部分，读书人有"刚日读经柔日读史"之说。近代以来，历史学研究迅速走上专业化轨道，使历史学成为一门严格的科学，学术深度和广度都得到了空前的拓展。然而史学专业化也带来一个巨大的问题,那就是专业史学的实用转化不足,大众的读史需求出现了空缺。

普通读者的读史需求得不到满足,对现实生活很可能产生直接影响。如果人们用过时的、错误的历史知识,来指导今天的社会运转,其结果可能是灾难性的。

我们知道,过去的某些时段,中国历史研究受到过于强烈的意识形态影响。时至今日,历史研究的发展已经进行了大面积的更新。然而这些历史研究的最新进展,往往都停留在专业语言的表述,并没有很好的渠道传达给普通读者。因此,如果以过时的历史知识来指导现实决策,后果可能非常严重。

经济学也是这样。

李伯重说,经济学家只凭着从高中教科书里获得的那一点肤浅而且未必正确的历史知识,就去高谈经济发展的"中国模式",肯定是有问题的。因为他们从高中教科书中学到的是什么呢?

> 以往历史教科书告诉我们:明清中国处于"封建社会后期",腐朽的封建生产关系扼杀了"资本主义萌芽",导致了经济缺乏动力,对外实行闭关自守,使得中国不能获取外部的资源,因此中国陷于一种长期停滞甚至衰退的状态。[1]

1　李伯重:《为何经济学需要历史》,《读书》2015 年第 11 期。

这些在今天看来，都已经是过时的知识。

四

好在改革开放后，历史与政治的紧密拥抱出现了一定松动，20世纪90年代末又兴起了民间"历史热"，对缓解这种需求空白起到了一定作用。

相对专业历史研究者，作为一个通俗历史的写作者，我对民间"历史热"兴起的过程感受更加直接和深切。

第一个直接感受是历史类书籍的热销。我从小喜欢逛书店，在我的印象当中，以前历史类书籍总是摆在书店的角落里，和古籍放在一起，很不好找。但是2000年前后，历史类作品的摆放位置越来越显眼，书籍种类也越来越多，特别是民间写史和历史普及类书籍，几乎呈几何式增长。

第二个直接感受是我的作品印数的变化。我的第一本历史随笔集，起印数只有五千册。但是后来每一本的发行量都在成倍上升，我于2011年出版的《曾国藩的正面与侧面》，迄今已经销售了五十万册。我想这很直接地代表了读者读史需求的增长速度。

除此之外，我相信每个人都和我一样，都关注到了历史剧霸占荧屏，《百家讲坛》的兴起，以及如今微信上历史类文章的火热。这些都说明了普通民众历史需求之强烈。

然而有一个值得注意的现象，那就是通俗历史作品的作者中出身史学专业的人并不多。易中天、吴思、当年明月这些最有影响的通俗历史类作者，都不是学历史的。

这说明，相对于社会公众对高质量历史内容的渴望，历史学界的努力并不够，史学界作为整体对于公众的历史需求是比较冷漠的，这已经造成并且正在加剧史学界与公众之间的鸿沟。一方面，与通俗史学的繁荣形成鲜明对比的是专业史学研究者的作品阅读量少，历史毕业生的就业仍然困难；另一方面，通俗史学写作因为缺乏专业学者的参与，呈现出作品的平均水平不高，猎奇化、戏说化倾向严重的现象。

一个时代，一个社会，通俗史学发达与否，对民众的知识结构完善和人文精神发展的影响巨大。王希说：

> 公共史学家……将历史学的目的看成是构建共同的社会记忆。……正如历史学家勒弗勒和布伦特所指出的，如果一个社会的历史记忆是残缺的，那么社会成员采取共同行动的能力将会受到损害。[1]

通俗史学和专业史学应该有一条共同的底线，那就是追求历史真实，娱乐性应该建立在真实性基础之上，然而这个底线在今天的通俗史学写作中被随处突破。现在，普通读者低层次的娱乐性需要得到了一定程度的满足，但是严肃的读史需求仍

---

[1] 王希：《把史学还给人民——关于创建"公共史学"学科的若干想法》，《史学理论研究》2014年第4期。

然处于严重饥渴状态。既有学术功底和认真态度,又轻松好读的中文历史类作品太少了,这对国民素质的提高并不是好事。

五

那么,怎样才能满足普通读者的严肃读史需要,推动更多有深度的通俗历史作品出现呢?

第一,历史学界需要对通俗史学抱以更宽容、更开放的心态,主动介入通俗历史的写作中去。

我们知道,美国史学界的包容性很强。美国史学作品范围基本覆盖了不同类型读者的需要,专业史学和通俗史学和平共处。正如代继华在《美国史学的兼容并包与社会影响》一文中所说,美国史学界有兼容并包、形式多元化的特点。史学界、出版界、书评界具有"为公众写作"的明确评判标准,能够善待一些颇受读者青睐的史书新写法与新类型,因此就比较好地破解了史学影响社会这一难题。因此,一方面,美国出现了以房龙和史景迁为代表的强大的通俗史学传统;另一方面,美国历史学的跨学科研究很发达,促进了新兴分支学科在美国的产生,其中就包括回应社会的需要而诞生的公共史学。[1]

第二,必须充分研究通俗史学写作的规律。

20世纪80年代以来,也曾经有一些历史学者致力于历史

---

[1] 代继华:《美国史学的兼容并包与社会影响》,《史学理论研究》2007年第1期。

知识的普及化，写过一些通俗历史类作品。但是这些作品一般销量平平，成功的并不多。为什么呢？因为通俗历史写作和专业历史研究有本质的不同。专业研究者写大众普及类作品，有时候如同美声歌唱家唱流行歌曲一样，并不见得能轻易成功。

有的历史学者说，我就是放不下身段，如果放下身段，写易中天那样的历史快餐，我可以写得更快，卖得更好。事实上并不见得如此。专业研究的思维方式、写作语言、文体结构，与读者的需求非常不同。打个也许不那么恰当的比方，专业历史研究者收获的是葡萄，而普通读者需要的是葡萄酒。种植葡萄，固然需要非常专业化的育种、打药、剪枝等技术，酿葡萄酒也并非仅仅把葡萄捣碎、过滤，加上水就可以了。专业史学的研究成果和通俗史学作品之间，需要一个完全充分的转化过程。如果说专业史学成果是生肉，那么通俗史学是熟肉，只有经过精心的加工，让肉类蛋白质变性，分子结构伸展松散，才能变得美味（普通网民管没配字幕的美剧叫生肉，而管配了字幕的叫熟肉，也是这个原因）。从生肉变成熟肉，需要烹饪技巧，一个养牛的人想要成为厨师，还需要一个重新学习的过程。其中的规律值得研究。

没有哪门学科，像历史这样"无用"。乔治·屈维廉（George Trevelyan）说："历史并不具有像物理学那样的实际效用。任何一个人都不能够根据历史知识来发明蒸汽机，或者照亮城镇，治愈癌症，或者使小麦在北极圈附近生长。"[1]

也没有哪门学科，像历史这样对人类意义重大。司马迁在《史记》中这样论述《春秋》的作用："夫《春秋》，上明三王之道，下辨人事之纪，别嫌疑，明是非，定犹豫。"一定程度上，一个民族对历史的态度，决定了它的未来。

因此，中国的通俗史学之路还很长。赵冬梅说：

> 今天的历史学在科学化、专业化的同时，尚别有路径，那便是从"资帝王之治"走向……"资国民之智"，为国家民族提供认同的基础、解决国家民族发展过程中的历史认知问题。为普通人提供历史知识，引导民众"历史地"认识过去、理解现在、思考未来。这条路就是公共史学之路。我们生产知识并以知识服务社会，二者缺一不可。如果说专业化的道路是"曲径通幽"的话，那么公共史学的道路则通向广阔的世界。[2]

王希设想未来公共史学发展的理想状态说：

> 比较理想的公共史学是这样一种史学：它不是一种

---

[1] 乔治·屈维廉：《克莱奥：一位缪斯》，见《现代西方史学流派文选》，上海人民出版社，1982年，第177页。
[2] 赵冬梅：《公共史学范畴下的专业史学家：责任、挑战与操守》，《史学理论研究》2014年第4期。

完全屈从于官方意志或某一特定利益集团的史学,不是一种枯燥无味的、板着一副说教面孔的史学,也不是一种调侃式的"娱乐史学",更不是一种牟利式的"消费史学"。它应该鼓励交流与互动,但又允许独立性的思考;它引发的历史感受与个人的经历密切相关,但又能产生集体的共鸣;它并不毫无理由地排斥官方或个人叙事,但又始终保持一种批判精神。[1]

正如法国历史学家克日什托夫·波米扬说:"史学认识及其他认识领域之间的界限已经失去了往日的明显标志,但它们之间相互关系的重构还远没有完成。"[2] 中国公共史学的发展,需要学界内外的共同努力。

---

[1] 王希:《把史学还给人民——关于创建"公共史学"学科的若干想法》,《史学理论研究》2014年第4期。
[2] 克日什托夫·波米扬:《史学:从道德科学到电脑》,见《对历史的理解》,商务印书馆,2007年,第266页。

历史就是一个国家的记忆

一

我们每个人都知道记忆力的重要性。人类和动物的区别之一，就在于人类的记忆能力远超动物。正是因为有了长期记忆力，人类才能不断地分析总结这次狩猎为什么不成功，探寻种子与果实的关系，因此获得进化。苍蝇没有这个能力，所以我们可以看到，一只苍蝇飞进玻璃瓶子里，只能不停地乱撞，如果不是因为偶然撞对了方向，它不会找到出口。

同样，历史对于一个国家，就犹如记忆之于个人。记忆对个人有多重要，历史对一个国家就有多重要。只有不断反思总结自己的历史，一个民族、一个国家才能不断前进。一个不重视历史的民族，不可能是一个伟大的民族。

二

当然，并不是每一个有记忆力的人都能够从记忆中获得正面力量。记忆力和逻辑思维能力并不是同义词。一个记性很好,然而不善于归纳分析、逻辑推理的人,无法很好地生活,因为他往往把问题归罪于完全无关的因素,在同一个地方再次跌倒。比如我的一位舅妈,她的记忆力并不错,说起多年前的什么事来都能讲得连枝带叶,非常生动。但是每次生病她都不去医院,而是去找村里的算命先生。她坚决认为人生病都是因为冲撞着什么不洁的魂灵所致,按照先生的指导,朝某个方向焚化纸钱就能够治好。偶然几次巧合烧完纸后不久病真的好了,她的理论因此更加强化,嘲笑我关于病毒和细菌的说法是异端邪说。直到她五十多岁因为急性肾炎拖延治疗而去世前,她都认为我是读书把脑子读坏了。

一个国家也是这样。中华民族可能是世界上最重视历史的民族了。有人说,历史是中国人的宗教。确实,从来没有哪个国家,如同古代中国这样重视历史,不光是皇帝有起居注,家家有家谱,县县有县志,中国历史资料之丰富,举世罕匹。提起历史来,人人津津乐道。这在其他国家是并不多见的现象。

然而中国传统史学的成就也非常有局限性。拥有最庞大的史料库,并不见得就能产生伟大的历史学。中国古代的政治家们确实从历史中学到了很多,因此历代威胁皇权的势力,比如王侯分裂势力、权臣、外戚等,一代代被减杀,皇权的稳定性得以一代代提高。但是在社会治理层面,中国人的成就就比较有限了。虽然拥有人类史上最为丰富的古代史资料,但是在春秋战国的思想极盛期后,中国的历史学家,一直按照"善恶忠奸"这个思路，对复杂的历史记忆进行简单的整合加工。因此几千年来，中国儒生总是认为，中国之所以没有治理好，就是因为人心不古，不肯好好听孔子的话。如果大家都老老实实贯彻孔孟之说，则尧舜之世立刻再现。而普通臣民从丰富的历史资料中得到的结论更是简单：一切成功都是因为皇上听了忠臣的话，一切失败都是因为皇上听了奸臣的话，所以只要亲贤臣、远小人，天下自然太平。这种历史总结能力导致从秦始皇到 1840 年，我们的历史从总体上看一直是一种鬼打墙式的治乱循环。

所以，历史学不只是史料学，更主要的是史识和史观，换句话说，是分析总结的悟性和能力。读史使人明智这句话并不绝对正确。学历史不见得都有正面作用，很多时候获得的可能是负面作用。

在中国历史上，经常出现不读史的战胜了读史的。

比如，在明清易代过程中，满族统治者和汉族统治者对历史的了解程度是完全不同的。满族统治者没什么文化，对中国历史的了解也主要基于《三国演义》等通俗文学。而明朝皇帝，包括奠定了明朝灭亡之基（"明亡于万历"）的万历皇帝，以及亡国之君崇祯，都是从小饱读历史。但是从努尔哈赤到多尔衮，清朝前几代统治者的进取策略非常明智，每一步棋都下得很精明。而明朝后期的几位皇帝，特别是崇祯帝，则是昏招迭出，把自己能犯的错误都犯了。

原因之一，就是满族统治者头脑中，没有既定知识的框框和束缚。

现实而理智的思考方式远比一脑子史料重要。早在关外，皇太极就说："凡事莫贵于务实。"他说，读书必须"明晰是非，通权达变"，不能"拘守篇章"。满族之所以以一个边鄙之地的落后小族，成功地入主中原成为当时世界上最大的帝国，是因为他们的头脑不受束缚，一切判断从现实出发，因势利导，灵活实用。进关之后，满族统治者不断参悟列祖列宗取得丰功伟绩的原因，总结得最深刻到位的，应该是那位骑射功夫十分平常的雍正皇帝。他说："本朝龙兴关外，统一天下，所依靠的，惟有'实行'与'武略'耳。我族并不崇尚虚文粉饰，而采取的举措，都符合古来圣帝明王之经验，并无稍有不及之处。由此可知，实行胜于虚文也。我满洲人等，纯一笃实忠孝廉洁之行，岂不胜于汉人之文艺，蒙古之经典欤？"

而明朝末年统治者头脑里的世界是一个已经被"历史经验"烛照得一清二楚，不再有任何悬念的世界。"善恶忠奸"的逻辑如同一条绳索，束缚了政治家的想象力和创造力。如果在现实和"圣人之言"之间出现矛盾，那么错误的永远只能是现实。因此从崇祯朝到南明历朝，没有出现过几个真正有眼光、有见识的政治家。那些由饱读历史的皇帝和进士们组成的汉人决策集团，决策精神里贯穿着偏执、主观。他们头脑被"忠奸善恶"所缠绕，已经丧失了现实感。弘光朝廷建立于危急之际，然而朝廷上下却置军国重事于脑后，反而急着为两百多年前被太祖朱元璋处死的大臣傅友德等人平反昭雪，恢复名誉……

三

除了逻辑思维能力差之外，人类不能从记忆中获得正面力量，还有一个原因是人类的记忆并不总是客观的，经常出现记忆扭曲。有的人将往事记个颠三倒四，有时还错把幻想当现实。

一个人的记忆扭曲，有其他原因，如自尊心的需要，逃避心理创伤，因此自欺欺人。比如，我家虽然是贫农出身，但是我一位堂叔总是回忆，我太爷那一代，我们家富得圈里有几百匹好马。然而另一位堂伯则说，我们祖上不过是给王爷放过马而已。我有一位朋友，他的祖上在晚清不过是中过秀才而已，可是在家谱中却被记载是当过三品大官。

四

还有的时候，历史记忆被扭曲，是现实利益的需要。

中国古代王朝之所以重视历史，除了以古鉴今外，还有一个更重要的目的：一个王朝需要通过历史叙述来论证其合法性。换句话说，是"通过修史掌握解释天命的主动权"。因为"同样的事实可以作不同的记述或解释。掌握了政权就掌握了历史的编纂权和解释权，而历史也成为一个政权的合法性来源和统治基础"。几乎历朝政府在修史时都要千方百计地证明本朝取代前朝，是因为得到了上天的眷顾和庇佑，而前朝因为失德失去天命。"成功地运用对历史的解释权，不仅能消弭敌对行动和潜在的反抗势力，还能赢得前朝遗臣遗民的衷心拥戴"，因为这一点,不少统治者大量销毁史料,比如秦始皇就烧光了六国的历史典籍,唐太宗要求史官修改关于他个人的历史记录,乾隆帝则销毁了数万卷在他看来是有害的史料。

除了维护合法性外,人们对历史随意加以裁剪,还有一个原因是基于"善意的谎言"。

中国历史更有自己的独特传统,那就是有意识地把历史当成光荣榜和耻辱柱,专门记载好人好事和坏人恶报,以便让百姓"向善"。孔子编《春秋》,创造了"春秋笔法",以使乱臣贼子惧。显然,求"善",而不是求"真",是中国历史的一个传统。所以我们看二十四史上,不少人被贴上了好人或坏人的标签。为了塑造好人和坏人,著史者当然就只能选择"典型事例"留下来,历史无疑就被简单化了。

这种对历史的抽象表达,在"历史为政治服务"的年代就更多了。比如,葛剑雄先生在《历史学是什么》一书中说:"以前的学者根据明朝的户口数把当时的人口定为五六千万,如此低的数字,只要稍加注意就不难发现问题,但明朝中后期人口长期停滞的'事实',正好被用以证明封建社会的穷途末路、统治阶级的腐败无能……怪不得直到今天,还有人置我们研究得到明朝人口已经突破2亿的成果于不顾,津津乐道于明朝的人口始终徘徊于五六千万的'事实'。"

五

正是因为以上种种，所以过去流行过一句话，叫作"历史是任人打扮的小姑娘"。有人这样总结："历史没有真相，只残存一个道理。"而且这个道理也不见得真是"道理"。所以历史似乎没什么用。有人说，历史是笔糊涂账，算不明白。不如干脆就不算了。

这几乎已经成了时代的共识。

那么，历史没有真相吗？显然不能简单地这样说。

首先，历史当然是有真相的。如果说历史是任人打扮的小姑娘，那么前提是确实有一个小姑娘在那里，你才有可能在她的脸上涂脂抹粉。历史首先是有真相，然后才有可能在真相基础上加以扭曲。

其次，并不是所有的事，人们都会马上遗忘。时间永远在流逝，刚刚过去的一切都迅速成为历史。如果你刚放下筷子，就忘了自己吃没吃过饭，并且说，自己刚才吃没吃过饭，是一个永远不可能弄清的真相，那么显然你离精神病院已经不远了。

相对来说，我们难以厘清的，是比较久远的记忆。时间之墙，确实无法穿越，但是我们一直在寻找各种办法，搜集留下来的所有材料，通过"多学科交叉法""二重证据法""大胆假设，小心求证"，宏观研究与微观研究结合，尽最大可能抵达历史真相。

从这个角度看，历史研究就如同福尔摩斯破案，进行的是一桩又一桩陈年迷案的侦破工作。虽然有些案件因为材料和证据被毁灭得太严重，可能永远无法侦破，但是还是有一些案子，可以用现代方法找出真相。

最后，某些历史事实也许永远无法弄清，但是这并不意味着残缺的历史就没有意义和价值。就像一个残破的瓷碗，有些部分永远灭失，但是我们仍然可以将它大致复原，用现代材料补上缺失，通过残片来获取大量有用的技术或者艺术信息。

因此，总的来说，历史是有真相、有是非的，只不过需要努力、技术和耐心。

六

在现代社会，越来越多的人发现自己受制于过去久远的记忆，纠缠于一些自己无法厘清的童年情结当中，造成严重的心理疾病和精神痛苦。

因此，越来越多的人去找心理医生，心理治疗的一个方法就是唤醒沉睡的记忆。某些创伤经历表面上虽然已经被我们淡忘，但是事实上它可能一直深刻影响着我们的生活。因此有时候心理治疗师要做的就是让当事人回到当时的场景，再次面临同样的事情，用理性的角度去看待和分析，正确引导当事人成功走出阴影。

历史研究有时候也是这样。历史研究的第一个目的是恢复历史真相。真实是一切的基础。没有真实，历史只会诱导一个人走向错误。在真相的基础上，我们要用逻辑来进行梳理，从历史真相中汲取经验和教训。正如有良好反省习惯和反省能力的人不多一样,拥有合格的历史反思能力的国家和民族也不多。但是为了避免一直在同一个地方跌倒,我们必须学习总结经验教训。从这个角度来说,历史是一门意义非常重大的学科,对一个国家和民族来说,是须臾不可缺的。

通俗历史的启蒙作用

2006年7月,本书作者张宏杰成为某大学文学与文化所的一名老师。与其他老师不同的是,他不需要承担教学任务,"时间比较自由"。这样的工作状态让张宏杰很满意。"历史热"的兴起让很多业余历史写作者获得了前所未有的创作环境和机会。就这一现象张宏杰阐述了一些自己的观点。

问:可以说,你是切身感受了"大众历史"从冷寂到炽热的变化的吧?

答:事实上20世纪90年代末,我就开始写作历史题材的作品,这类作品在当时很难发表,后来被广泛关注的那篇写吴三桂的《无处收留:吴三桂》,和它的名字一样,被各家文学类杂志拒之门外。三年之后,才被《钟山》当作中篇小说发了。

问:作为"70后"作家,你的作品却很少触及当下的生活场景,而是穿梭于历史之中寻找灵感,这在青年作家中是很少见的。为什么?

答:读者们对我的诧异集中在两点:一是年龄,二是职业。许多人都说,一直以为你至少是中年人。更多的人不明白,为什么学财经的我把笔伸向了历史。

他们的表情说明,历史是一个年深日久堆得下不去脚的旧仓库,缺乏耐心的年轻人和没有专用工具的非历史专业者应该被挡在门外。

确乎如此。上中学的时候,历史是我不感兴趣的课程之一。这门本来可以写得和教得非常有意思的学科被编成了一种单纯用来灌输知识的东西,从头到尾罗列着重大事件的概述、意义、年份、地名。

而一些学术著作也是这样。我认为,学问的最高境界,应该是"好玩"。常常使我奇怪的一件事是,为什么学问到了某些学者手里,就单调呆板,变成了概念、意义、材料的集合。而很多专业的学术名著,却大都有声有色、有滋有味,甚至眉飞色舞、神采飞扬。我们的学术研究包含了政治、意识形态、职称这样的内容。可是往往唯独缺少了一项:兴趣。

因为如此,绝大部分读者眼中的历史面目可憎,或者是正襟危坐、道貌岸然,并且佶屈聱牙。一提起历史,许多人都敬而远之。不过,我碰巧遇到了几本好书,改变了我对历史的印象。

在我高考的时候,财经是热门,所以报了自己并不特别感兴趣的东北财经大学投资经济管理专业。大学四年我基本上是在学校图书馆和大连市图书馆度过的。白云山路幽静山谷里那座巨大而优雅的米黄色建筑在我的记忆中依然清晰。大约1991年前后，我在那里读到了这样几本书：格鲁塞的《草原帝国》、黄仁宇的《万历十五年》、费正清的《剑桥中国史》。这几本书引起了我对历史的兴趣。伟大的学者们讲述历史的声音听起来也是那样迷人。

还有《万历十五年》那洋洋洒洒的开头。这种散文式的叙述改变了我对历史的印象。这四年对我的写作影响很大。如果你机缘巧合，踏进了历史这座旧仓库，你常会发现一些意想不到的东西。有人说，中国历史与其说是一个记录的过程，不如说主要是一个抽毁、遗漏、修改、涂饰和虚构的过程。但是，再高明的修改和涂饰都会留下痕迹，沿着这些痕迹探索，把那些被神化或者鬼化的人物复原为人的面孔，这实在是一个很有意思的事。

事实上，在我眼里，历史是个好玩的、多姿多彩的，甚至迷人的东西。

甚至，我要说，我所看到的历史是一个活着的海洋，而不是一片干枯的标本；是一位性感的姑娘，而不是干瘪的老太婆。历史是戏剧，是诗，是音乐。

问：时下通俗历史著作风行，你认为自己的作品与其他人的最大区别在何处？你所追崇的写作风格是怎样的？

答：有些读者称我的作品为"翻案文章"，称我的写作是"颠覆历史"。我想，他们不过是借用了这个熟悉的名词而已。事实是，愚蠢的、不近人情的叙述方式过于泛滥，因此，一个稍稍正常的声音听起来也许就更引人注目一些。如果说"颠覆"，我想，我颠覆的是接近历史的心态。我接近历史中那些"鬼"或者"神"时，并没有心怀恐惧，我坚信他们不过是"人"。

作为一个曾经被历史教科书折磨的学生，我经常站在"普通读者"的立场去考虑我的写作能否在传达见解的同时给读者带去阅读快感。因此，我的写作过程既是坚持用自己的声音说话的过程，又是千方百计、殚精竭虑地讨好我的读者的过程。我坚信，面对"普通读者"，并不妨碍我写出有分量的好东西，或者说，更有助于我写出好东西。

"历史比小说更有趣"，我想做到的就是这一点。小说的细节毕竟要靠作者有限的生活经验和有限的想象力，因此站在现世的角度观察人性，只能看到一隅。而历史提供的细节则要丰富传神许多。可以说，历史就是上帝所写的一部小说，因此，历史所得出的结论无疑会更震撼人心。

问：你认为从事通俗历史作品的写作是否还需要检索历史资料的过程，还是作者完全可以凭借自身积累进行臆断发挥？

答：虽然从事的是通俗历史作品的写作，但是你的写作一定要，或者说要竭尽全力做到提供史料的真实可靠。我的作品，结论也许让人感觉新鲜、另类,富于颠覆性,但我所依靠的是其可信度被严格考验过的历史材料。

作为"非专业"的历史类读物写作者,许多探索当然是站在他人的研究成果上进行的,幸运的是,这几年来,我能越来越多地看到有性情、有风骨、有真知灼见的学术作品。许多优秀的作品对我都有帮助。同时,别人消化过的史料毕竟不能完全适合我的需要,我还不得不大量搜寻使用第一手的原始资料。中国历史史料的丰富是世界罕有其匹的。特别是大量野史的存在,给作者们使用史料带来了一定难度。所以,我在使用史料时分外小心。我每写一个人,会尽量搜集到所有与他有关的史料,并把多种资料进行对比,从来不会使用那些涉嫌夸张、穿凿的小说化的野史,虽然也许它们对我塑造人物很有用处。

问:历史类书籍往往出现两个极端,要么偏向于枯燥乏味的学术论文,要么为迎合低俗的阅读欲望写成了野史秽闻,你认为怎样才能将历史写得既生动好看又有学术价值?

答:我一直十分尊重读者们把历史讲得轻松、好玩、有趣的要求。打个比方,历史事件在史书中已经被风干,成了脱水食品。我的努力就是给这些食品浇了一壶清水,让它们又一次翠绿可人。

与此同时,我还清楚地知道,大部分读者不仅需要"史实",更需要"史识",或者说"思想含量"。这种"史识"不是指史书中那些可以供我们"经世济用"的"权谋""方略""管理",而是更深一层的东西。永远不要低估大众的需求品味,特别是不要低估这种需求的意义。历史是记忆,更是反思,一个不会反思、没有记忆的民族是没有任何希望的。只有与当下结合起来,历史才真正有意义,因为通过阅读历史,我们可以更好地认识自己。通过回望来时路,我们可以更准确地定位我们这个民族的坐标,更清楚地判明民族的前途。这不仅仅是"肉食者谋"的事,因为只管低头拉车,不用抬头看路的幸福时代已经过去,每个人都有责任为我们生活的共同体出谋划策了。自从《大明王朝的七张面孔》出版以来,我平均每天都要收到两到三封普通读者的来信。这些来信中,不乏认真、成熟的思考,有的思考成果让我深受启发。由此我认识到,因为历史学术的表述形式越来越专业化和技术化,史学家们的思想成果很难为大众所分享,由我们这些"业余写史者"用通俗的方式来传达"史识"就更加重要。我十分愿意做这样的事,也期待着读者与我进行认真的交流。

问:历史中最吸引你的是什么?

答:有两点。第一点是历史是人性展示的广阔舞台。就像莫言评价我的作品时说:"这些东西都流露着天然的文学品质,因为它的出发点是对人性和命运的关心。"我对人性一直有着浓厚的兴趣。对人性感兴趣,其实就是对自己感兴趣,想弄明白自己为什么会成为此时此地的自己。我爱读人物传记,喜欢琢磨遗传、文化、环境对人的塑造、性格与命运的关系。我对心理学也感兴趣,起源当然也是对自己的心理过程、心理结构的兴趣。我对历史剖析的一个重点就是中国特殊的文化背景如何塑造了中国人的独特心理结构。在读明武宗的资料时,他对传统教育方式的反叛让我感觉很过瘾,而他被置于那样一个扭曲的成长环境之下又让人对他深切同情。明武宗的心理历史很有代表性,他代表了相当一部分中国人的心理特征。光绪皇帝和朱元璋也是同样。

正是因为对人性的复杂有着科学家般的浓厚兴趣,所以我喜欢历史。因为在我们短暂的一生中,不会有太多的大风大浪,经历过的事毕竟有限。即使是最杰出的小说家,想象力也只能在经验的边界里飞翔。但是在历史里,人性却有机会表现它平庸生活中难得展示的一面。

另一点是我们现在所处的社会,是由历史塑造的。今天社会的所有问题,你几乎都可以在历史中找到答案。读历史,你分明会感觉当今中国是古代中国的延续。比如我们可以试举几个例子:

前些年,为了减轻农民负担,有些部门要求发给农民"明白卡",让农民明白自己应该负担的内容。这并不是我们这个时代的发明创造,早在清代就已经想出了这个办法。这个"明白卡"在那时叫作"钱粮易知单","示以科则定数",告诉百姓们上缴钱粮的定数,以防官吏蒙骗,私下多收。

这两年,全国许多地方的街头都建起了这样的宣传牌,内容是"公民基本道德规范二十字":"爱国守法,明礼诚信,团结友善，勤俭自强，敬业奉献。"这也不是什么新鲜事物。早在明代，各地村头街口都建有六谕卧碑，内容是明太祖朱元璋为天下百姓规定的"道德规范二十四字"："孝顺父母，恭敬长上，和睦乡里，教训子孙，各安生理，毋作非为。"

所谓太阳底下无新事。如果不读懂中国历史，你永远不会懂得中国现实。

问：近些年，你的兴趣似乎从文学渐渐转向了历史？

答：一个重要原因是，很大程度上中国文学缺失思想性和批判性。说实话，我已经有很多年基本不读文学作品了。现在每一期《小说选刊》《小说月报》，很少有哪些读完了能留下比较深的印象。其原因是，部分作家的思想背景太苍白了。

相反，我越来越发现历史是我终生的兴趣。我大量阅读的是历史类、思想类书籍，而且越来越集中于两类，一类是一些优秀的学者的思维成果，非常具有穿透力，让人享受到极大的智力快感。另一类是原始的第一手的史料，比如古人的日记、笔记。这些原生状态的史料记录了大量复杂的、生动的信息。

可以说，对社会的反思批判工作，思想界特别是历史学界已经几乎取代了文学的作用。我想，这也是"历史热"兴起的一个重要原因。

问：你在大众"历史热"中的角色，自己有过定位吗？

答：在我看来，"历史热"是文化领域的一种必然。对历史阅读的需要是一个文明社会的必需。毫无疑问，普通读者的阅读需求里包括历史。因为历史是如此"好玩"，又如此"有用"。追根溯源是每个人的本能，讲古叙旧是一种滋味浓厚的娱乐。当下"历史热"的兴起，其主要原因是"写史者"的非历史专业背景，通过他们的写作，"大众"首次得到"历史写作者"的尊重。

这些写史者的兴趣结构和普通读者相近，与历史学家们的见怪不怪比起来，他们有更大的热情、兴趣和浓厚的好奇心，见了什么都要大呼小叫、啧啧称奇。所以他们很容易就打破冰冷史料、艰深论文与普通读者之间的障碍，把历史讲得好玩、精彩、有滋有味。

对历史阅读的需要是一个文明社会的必需。如今，可以让公众完整地了解过去，但又没有因迎合大众而丧失史学写作的品质和品位，这样的优秀作品层出不穷。比如，一是有两个奖项在历史学家圈中影响很大，一个是著名的普利策历史奖，另一个就是历史悠久的班克罗夫特奖（Bancroft Prize in American History and Diplomacy）。美国有一种"公共历史学者"，英文称谓是 Public Historians。公共历史学者本身也是学院派出身，受过严格和良好的专业学术训练。只不过他们面对的对象是大众和其他专业人士，他们讲的不是所谓的 Popular History（大众史学），而是正经的、严肃的历史知识。在我国，目前这种"公共历史学者"多是被《百家讲坛》和科班的或者自学成才的大众历史作者代替了。如今的大众历史热潮中，存在以下几类作品。

第一类是吴思等人的"半研究性"写作。在目前的大众"历史热"中,我想我和吴思先生的共同之处可能会多一些,那就是我们都更多地关注历史的"启蒙作用"。大众历史的一个重要任务是把埋藏在图书馆和学者书斋中的历史知识转化为可供大众享用的公共文化产品。它应该带给公众一种新的观察历史的角度,激发起公众对历史的关注,并在一个广大的、比较的历史背景下来思考中国的现实。我希望把自己的思想成果通过历史类作品传达给大众。

作为一个非学院出身的历史写作者,我认为自己对中国历史还是提出了一些有个性的看法的。比如,一是对农民起义的判断。农民起义给中国究竟带来了什么?我认为,农民起义与专制统治是维持"中国独特性"的互补的两翼,是同一文化源头结出的孪生兄弟,它们互为补充,相互促进,同葆中国文化数千年一系,继继绳绳。农民起义带给中国的,无非是以下功用:

第一是减轻了这片土地上的人口压力,为新一轮人口增长提供空间。

第二是农民起义对社会财富的破坏,这里只举一个简单的例子就够了。刘邦即位那一年,竟然选不出四匹纯一色的马来拉御车,宰相只能坐牛车上朝。贵族文化在大动荡中一次次受到毁灭性打击,随着刘邦、朱温、朱元璋之类的底层人物的一次次由社会底层上升至社会最高层,以实用主义为主要特征的底层文化不断扩散,并逐渐以"厚黑学"为面貌,成为中国文化的主流。

第三是促进专制统治更加周密严谨，制度监狱更加牢不可破。其实，农民从来不是专制统治的异己因素。或者说，农民的专制性格往往比统治者还要鲜明和强烈。而由底层出身的朱元璋建立的大明朝，是专制程度最深的一个王朝。朱元璋的用人行政，带有明显的目光短浅、实用主义、愚昧落后的特征。那些为历代历史研究者所乐道的"均田""均富"等平均主义要求和摧富益贫的口号，追其源头，这些思想观念最初却是由儒家的创始人孔子提出来的，而不是造反的农民提出的。所有的农民起义口号，都没有超出封建宗法制度的范畴。

中国历史上成百上千次惨烈的农民起义，并没有为中国历史冲破循环状态提供任何可能。农民起义的目的，不在于摧垮不合理的制度，而是进行调整和维护那样的制度。它是一次大修，是一次保养，是一次升级。农民起义只是专制主义释放矛盾的一种调节机制。农民起义如同越狱，而每一次越狱之后新建起来的牢狱，设计得就更为"科学合理"，抗暴性更强。农民们用鲜血和生命换来的，是比以前更严密的控制，更坚固的监狱，是更好的驯化，是国民性格上进一步退化。从汉到清，这一规律至为明显。

二是对中国独特性起源的思考。通过对中国上古文明的梳理，可以得出一个结论：专制制度不是秦始皇发明的，而是有着非常深远的历史根源，是由地理环境决定的中国文化无法逃脱的宿命。当今中国社会的许多问题，其根源可以追溯到三千年前或者更远。中国社会进化的过程中,保留积存了大量的原始特征,就像一个缠着脐带长大的孩子,或者说像是一个背着蛹飞翔的蝴蝶,它的起步比别人早,可是发育得不完全、不充分、不彻底。

第二类是当年明月、易中天先生的这一类作品。他们在轻松愉悦中普及历史,功不可没。这一类读者群极其庞大。当然,易中天先生的许多作品也可归入第一类。

第三类是借"历史热"传达负面文化价值的作品。这很令人警惕。比如,一系列帝王戏、历史剧,都是将当前现实中百姓关心的各种社会热点问题改头换面移植到剧情中,然后借用明君贤臣的力量将这些问题一一解决。这些作品明显表现出对人治的好感,对权力的崇拜,对帝王权力的信任。

应该说,在目前的文化环境下,坚持自己的作品中有正面的思想含量和文化含量有时并不见得是一件划算的事。我认识的一位非常火的历史畅销书作家就曾经很认真地对我说,如果你不坚持写得那么累,对你的个人发展会更有好处。

问:"历史热"还能热多久?

答:应该还会持续相当长一段时间。这段时间培养起来的历史爱好者,对历史的兴趣也许会贯穿他们一生,现在才刚刚开始,会有更多好的作品出现。在很多国家,"历史热"是一直存在的,历史类图书经常会登上畅销书排行榜。我想,中国以后也会出现这样的状况。

历史是一门好玩的学问——聊一聊历史研究的多种方法

分子人类学与历史研究

一

在复旦大学读博期间,我印象最深的一节课,是现代人类学研究中心的李辉老师讲的,内容是"分子人类学"对人类起源问题的探索。

他说,分子人类学研究发现,全世界所有的人类,其基因都来自距今将近二十万年的一位非洲妇女,他们称之为"夏娃"。

这个说法今天可能已经为大部分读者所熟知,但是在2010年,连"分子人类学"这门学科在国内可能也没多少人听说过,因此这些内容对我的知识结构是一种强有力的颠覆。

李辉老师重点介绍的是复旦大学现代人类学研究中心所做的相关研究。他们一共采集了12000多名中国人的Y染色体,发现所有这些人的Y染色体都携带了来自非洲的现代智人的遗传基因。李辉说,这12000多个样本囊括了绝大部分中国人染色体的类型,因此,现代中国人很有可能起源于非洲。

李辉老师讲的另一项研究,也让我非常惊讶。通过研究Y染色体,他们发现,今天的福建人,和秦汉以前的福建人,在父系血缘上几乎没有什么关系。

他们推测,汉武帝用兵征服福建之后,当地男性在当地已经整体消失了。当然,可能并非全部被杀。一小部分人可能逃亡到了其他地方,比如广东[1],也有一些人可能被整体迁徙到其他地方。[2]

无论如何,基因研究证明今天福建人的父系祖先,几乎全部来自北方。这些父系祖先既有汉武帝时南下的士兵,也有后来陆续南迁的汉人。至于母系的基因,则既有北方女性,也有当地女性,这是因为女性在战争中往往是被掳获而不是被清除的对象。这一事实,既说明了战争的残酷性,也说明汉武帝时期执政效率之高:其"坚壁清野"命令被执行得居然如此坚决,如此不打折扣。[3]

---

[1] 比如,与福建相邻的广东南澳岛上的居民的基因中,汉族成分最少。这有可能是因为南澳岛是一处偏远的海岛,成为当时闽越人的一个避难所。

[2] 史书记载汉武帝曾下令强制迁徙当地民族到"江淮间"。

[3] 李辉老师介绍的这个内容正好解开了我头脑中的一个疑惑,为什么福建人地处南方,但是很多方面更像北方人:他们的身高比其他南方人稍高一些,长相和气质也更北方化。听了这堂课后我又搜索了一些相关论文和书籍,发现很多研究结果都从其他侧面印证了这一点。基因研究显示,闽南人很可能如其族谱所说,确实是从河南东部起源的。体质学研究则显示,闽东人的体质与北方汉族更为接近,而与南方汉族体质差距很大。体质人类学研究表明,福建闽东语族人群[位于今天福建的东部、东北（下转184页）

二

我读的是历史地理学专业的博士，为什么会听到李辉老师的课呢？这要感谢姚大力老师，是他专门请李辉老师来历史地理研究中心向学生们介绍分子人类学对历史研究的推动。

姚大力老师知识视野广阔，通晓多种语言，在课堂上经常用语言学知识来分析历史问题。[1]因此他一直非常关注其他学科的进展对历史研究的影响。

确实，传统的历史研究方法比较单一，就是以"坐冷板凳"的功夫，搜罗文献，排比资料，综合整理。这种方法，在传统时代就已经被用到了极致。近代以来，越来越多的历史学家运用其他学科的方法来推动历史研究。由于研究范围的重叠，首先受到历史学家重视的是人类学，在很多传统历史学无所措手足的领域，人类学却轻松地打开了新天地。比如，对史学界来说，文字出现之前的历史是"史前"。历史学界对"史前"阶段的研究，只有考古和神话学等少数途径，所呈现的面貌简单而浑沌。然而人类学家的工作却告诉历史学家，那些没有文字

（上接第183页）部]与山东汉族、兴安盟汉族、江苏汉族体质较为接近，而与海南、湖南、江西等南方汉族体质差距较大。语言学研究也表明，闽东语源于上古齐语，也就是今天山东一带的语言。（《福建汉族闽东语族群的体质特征》）

1 比如他说，秦汉以前，汉语人群很少越过淮河—秦岭一线。证据是这一线以北的人，用"河"指代水流，而以南的人则用"江"字。"江"字源于当时居住在长江中游的孟——高棉语土著人群称大河为klung。《诗经》中记录的汉语民歌分布的地域，也确实与用"河"来称呼水流的区域大体相符。

的民族同样具有复杂而深厚的历史。这些民族的历史和文化存在于"他们的穿着方式、饮食方式中,在他们家庭生活组织中,在他们两性关系中,在他们的信仰和他们的仪式中才能找到这一历史"。[1]

所以勒高夫说,历史学应"优先与人类学对话"。"二战"结束后,在布罗代尔(Fernand Braudel)的领导下,年鉴派发展出所谓的"从地窖到顶楼的运动"。举凡从工作、家庭、寿命到教育、性、死亡,从体质变化、食品结构到健康状况、疾病、瘟疫、犯罪行为乃至人际关系,都成为历史研究的对象。人类学与历史结合,产生了《蒙塔尤》《金枝》等一系列杰出的作品。

近年来,分子人类学在人类学大类中异军突起。所谓分子人类学(Molecular Anthropology),是指利用人类基因组的分子分析以及DNA遗传信息来分析人类起源、民族迁徙演化等问题的一门新兴交叉学科。分子人类学的进展对历史研究产生了超乎想象的重大影响,在分子人类学兴起之前,研究人类族群演化只能依靠极为有限的考古发现和相对粗糙的体质人类学来做大概的推测。而现在,分子人类学利用自己的技术优势,在很多重大历史问题上,给出了自己更为清晰的、相当有说服力的答案。

除了人类起源等重大问题之外,在一些有趣的细枝末节问

---

[1] 安德烈·比尔吉埃尔:《历史人类学》,《新史学》,上海译文出版社,1989年,第232页。

题上,分子人类学也可以通过自己独特的技术优势,给出明确的结论。比如,著名遗传学家尤金·福斯特关于美国第三任总统杰斐逊总统到底有没有私生子的研究。

托马斯·杰斐逊(Thomas Jefferson)是美国历史上的重要人物,他是《独立宣言》主要起草人,美国第三任总统,一生功勋卓著,取得了多方面的建树。

1802年,就在他就任总统的第二年,一位美国记者称,看起来道貌岸然的杰斐逊其实私生活很混乱,他与自己的一位黑人女奴生了好几个私生子。这位记者还说,这位女奴与人到中年的杰斐逊发生关系时,仅仅十三四岁。杰斐逊喊了几十年"人人生而平等",主张禁奴,自己家中却不但大量蓄奴,还与一名黑奴少女发生关系,这多么讽刺!

杰斐逊对此事终生保持沉默,未予回应,公众大多数也以为这不过是对杰斐逊的政治攻击。也有一些学者挖掘到一些资料,比如杰斐逊的"农场账目"上的记载,证实此事可能存在。不过毕竟只有间接证据,无法定案。[1] 直到一百多年后,传言中女奴与杰斐逊所生的私生子的后代艾斯顿为了证实自己的身份,联系上了著名遗传学家尤金·福斯特。

---

[1] 有些人挖掘资料,认为此事确实疑点多多。比如,杰斐逊的"农场账目"上记录了被后人怀疑为私生子的几名黑人儿童的出生,但是这本"账目"没有按正常情况提到孩子的父亲。这几个孩子长大后,有人当了木匠学徒,有人成了得宠的家奴,总之,境况比普通黑奴要强很多。杰斐逊逝世时,给了他们自由。耶鲁大学的哈韦尔教授则经过考证,认定这些私生子其实是那名女奴和杰斐逊总统的两个外甥所生。

此时杰斐逊已经去世 100 多年，由于没有名正言顺的男性后代，因此无法获得他本人的 DNA。不过尤金·福斯特找到了杰斐逊一位叔叔的五名后代，采集了他们的 DNA 证据，与艾斯顿的 Y 染色体对比，结果发现他们 Y 染色体遗传标记几乎完全相同，也就是说，他们之间的亲属关系确凿无疑。[1] 两个世纪的疑案至此画上了句号。

托马斯·杰斐逊（Thomas Jefferson）与杰斐逊的第六代曾孙 Shannon LaNier

与此相类似的还有一项关于犹太祭司血统的有趣研究。[2] 据记载，犹太人最早的祭司长是 Aaron，自他以下，祭司这个职业在其家族内代代相传。如果这个记载是真的，那么世界各地

1　Foster E A, Jobling M A, Taylor P G, et al. Jefferson Fathered Slave's Last Child. *Nature*, 1998, 396(6706).

2　Skorecki K, Selig S, Blazer S, et al. Y Chromosomes of Jewish Priests. *Nature*, 1997, 385(6611).

的犹太祭司可能都有或远或近的血缘关系。于是研究者将德系和西班牙系的犹太祭司的基因进行对比,发现与非祭司的犹太人相比,他们之间确实有更为接近的亲缘关系。也就是说,这些德系和西班牙系祭司在3300年前确实有一个共同的父系祖先。Y染色体的分析竟与《圣经》故事相契合,开创了通过Y染色体标记进行基因家谱研究的先河。[1]

自然科学与历史学

一

我们说历史是一门非常有趣的学问,原因之一,就在于它研究角度和方法的多样性。

美国"新史学派"的倡导人,詹姆斯·哈威·鲁滨孙在他1912年的著作《新史学》中写道:"我们不应该把历史学看作是一门停滞不前的学问,它只有通过改进研究方法,搜集、批评和融化新的资料才能获得发展。"[2]鲁滨孙提出,历史研究可以利用人类学家、心理学家、社会学家所做的与人类相关的种种发现,这些新的社会科学的研究者"推翻了历史学家的旧说,解释了许多历史学家使用自己的方法再不能解释的历史

---

1 文少卿、韩昇、李辉:《基因家谱学在中国的发展历程》,《北方民族大学学报(哲学社会科学版)》2018年第1期。
2 詹姆斯·哈威·鲁滨孙:《新史学》,商务印书馆,1997年,第20页。

现象"[1]。

其实除了鲁滨孙提到的这些社会科学门类外,有些自然科学方法也可以帮助我们更准确地分析历史。在某些特定问题上,社会科学解决不了的历史问题,自然科学介入后就变得容易了。一个典型案例是关于"光绪之死"的研究。

1908年,光绪皇帝和慈禧太后相隔一天去世。这两个人是一对政敌,一个是三十八岁的壮年,一个是七十四岁的老人,却"不约而同"地几乎同时去世,让人不得不怀疑背后是否有阴谋。因此这个问题吸引了很多学者进行研究。有些学者从光绪皇帝的治疗记录入手进行研究,结论是光绪皇帝为自然死亡,因为光绪确实身患多种慢性疾病,最后很可能死于心肺功能衰竭。然而,这些研究并没有完全说服读者。毕竟,慈禧谋害光绪的间接证据很多。比如,早在1904年,清朝外务部右侍郎伍廷芳就向日本公使内田康哉透露光绪必定死在慈禧太后之前。

2003年起,中国原子能科学院会同历史研究机构,利用从光绪陵寝提取的光绪头发、衣物等材料,运用中子活化实验方法进行检验,发现光绪皇帝头发中砷含量极高,最高值为2404微克(每克),是隆裕皇后头发中含量的261倍。他们在《清光绪帝死因研究工作报告》中得出的结论是"光绪帝系砒霜中毒死亡"。

---

[1] 詹姆斯·哈威·鲁滨孙:《新史学》,商务印书馆,1997年,第59页。

二

从"中毒"这个角度来研究历史的另一个更有名的案例,是铅中毒与罗马帝国灭亡的关系研究。

20世纪80年代,英国《泰晤士报》发表了一篇文章,认为西罗马帝国是由于"铅中毒"而衰亡的。罗马帝国时代,城市的供水管道大多是用铅制作的,罗马人平时也习惯用铅杯喝水,用铅锅煮食。特别是当时的贵族非常喜欢用铅壶而不是铜壶来盛酒,这是因为铜容易氧化成铜绿,导致酒很难喝,而铅与酒长期接触,则会因氧化而产生有一股香甜味道的"醋酸铅"。

我们都知道,铅是有毒的,并且毒性持久,除了伤害神经系统外,还容易导致胚胎畸形。长期使用这些含铅器皿,很可能导致罗马人智力下降,健康受损,甚至会使很多人患上不育症。考古学家发现罗马贵族墓地里的遗骨中含铅量很高,确实足以对其健康、智力构成重大影响。当然,罗马帝国的衰亡是一个历经数百年的复杂过程,铅中毒很可能只是诸多重要因素之一。

受此启发,很多中国学者也对商代青铜器中的含铅量问题进行了很多研究。他们发现,商代的一些重要遗址,比如,郑州二里岗、安阳殷墟和盘龙城出土的青铜器,大多数都是铅锡青铜,而不是锡青铜,出土的个别器物的含铅量很高,达到10%甚至是20%以上。美国弗利尔美术馆收藏的97件中国早期青铜容器中,有39件含铅量在5%以上,最大26%;36件在1%~5%之间。

由此可见，商代一些贵族出现铅中毒是可能的。商代上层阶级饮酒成风，最有名的是纣王"以酒为池，悬肉为林"，"为长夜之饮"。商代贵族有可能因为饮食特别是饮酒导致铅中毒[1]，身体素质由此越来越差，甚至性情狂乱，行为失控。[2] 从这个角度来说，商人"以酒亡其国"的说法可能是成立的。[3]

---

1 因此有学者认为，甲骨卜辞中大量记载"疾首""疾目""疾耳""疾心""疾口""疾舌""腹不安""病软"等症状，武丁诸妻之一妇鼠的不孕症，也是铅中毒的可能症状。
2 不过目前研究者还没有找到商代人骨铅严重超标的实物证据。翻阅中原商代大型墓葬发掘报告，你会发现一个有趣的现象，墓主人，也就是贵族的骨骼大多腐朽严重（指未被盗的墓葬），但往往有些殉人、人牲的骨骼还未有腐朽。这说明贵族骨质疏松情况比较普遍，而铅是导致骨质疏松的重要因素之一。找不到贵族遗骸可供分析，那么大致同时代的普通人骨骼中含铅量如何呢？秦亚等学者在论文《安徽何郢青铜时代遗址人骨铅含量分析》中以何郢遗址为例，分析这一问题。何郢遗址位于安徽，年代为商代晚期到西周早期，阶级分化并不严重。研究人员分析了何郢遗址出土的几件青铜器，发现铅含量很高。比如，青铜箭头的含铅量是 50.4%，青铜残块 20.5%，青铜刀残片的含铅量是 13.7%。研究人员分析何郢遗址的四具保存较好可供研究的人骨，从墓葬形式和几乎无陪葬品来看，这四人都是普通民众，地位和财富状况无大的差别。研究发现，这些人骨旁铅含量在 6.5~9.4ppm 之间，而我国广西崇左市冲塘没有使用含铅青铜器的新石器时代人骨的铅含量约为 3.08ppm。这说明，何郢遗址的原始人类已经受到了一定程度的铅污染，不过这个量和现代受污染区域的人比起来其实并不算高，德国 Badenhausen 采矿区和 Moster 工业区人骨的铅含量分别高达 70~75ppm 和 40~55ppm，大大高于正常值 3ppm。
3 参见《青铜器溶铅实验及有关问题初探》，不过殷商对铅的使用情况和古罗马有很大的不同。罗马人使用的是单质金属铅，也就是铅器；而殷人对铅的使用是以合金形式存在，这就大大降低了使用时铅对人体的影响。在商代铅中毒肯定有，但是应该没有罗马人那么严重。（王大宾、杨海燕：《商代青铜器的使用与铅中毒——也论商王朝的衰亡与铅的关系》）

历史地理视角下的"黄河安澜"问题

相比自然科学,传统社会科学的很多分支由于历史研究联系更为紧密,为历史研究提供帮助的机会自然也就更多。其中最突出的就是我所读的专业——历史地理学。

中国的历史地理学帮助历史学解决了很多问题。比如,我的导师葛剑雄老师在《八百年安流谁创造》中介绍的一例,我的"师爷"谭其骧先生从地理角度解释黄河八百年安澜的原因。[1]

众所周知,黄河经常泛滥,但是从公元69年(东汉明帝永平十二年)之后,竟然出现了八百年的安流,也就是说,这八百年,黄河泛滥的次数很少,造成灾害的次数更少。葛老师说,对这个问题,以往的学者基本都归功于汉代的王景治河。

但是认真分析,我们就会发现王景治河的方法,与其他治河专家相比,并没有什么特殊之处。这样一次限于下游的人力、物力投入并不算多的治标工程,何以能使黄河安流八百年?如果黄河下游的防治真能起到那么大的作用,那么元、明、清时期,治河工程的规模通常是王景的数倍,为什么连八十年安流都做不到呢?

谭其骧先生提出了新的解释:黄河八百年安流的根本原因是中游土地利用形式的改变。他认为,在战国以前,黄河中游属于畜牧区域,农业开发很少,原始植被未受到大的破坏,水

---

[1] 葛剑雄:《黄河与中华文明》,中华书局,2020年。

土流失非常轻微。但是到了秦朝和西汉，黄河中游地区接受了大量移民，到西汉末年，当地人口已经达到240万。大规模的农业开发严重地破坏了原始植被和表土，导致水土流失日益严重，也导致黄河开始不断泛滥成灾。

到了东汉，在所谓的"五胡乱华"过程中，这一地区的汉族大量外迁，匈奴、羌人等少数民族则大批迁入，这些少数民族以畜牧业为主，他们虽然也学习农耕，但是规模有限。因此在这个时期，这个地区耕地缩小，牧地扩大，植被恢复，水土流失情况大大得到改善，这是东汉时黄河安流的真正原因。

东汉之后，这一地区汉族人口继续内迁，少数民族人口不断增加，黄河中游的西部演变为纯牧区，东部农业占比也不高。所以尽管魏晋十六国时代政治混乱，战争频繁，但是黄河却出现了最平静的局面。

安史之乱以后，局面开始发生变化。唐朝政府鼓励农民在这一区域开垦荒地，大规模的破坏性垦荒严重破坏了环境，五代以后，这里的草原、林地、牧场几乎完全变成了耕地，到处都是光秃秃的，河水中的泥沙量越来越大，黄河决溢改道的祸害也越来越严重。

因此，导致黄河下游八百年安流的不是王景，而是中游开发方式的变化。历史地理学告诉我们，无视大自然的规律，必然招致大自然的报复。

换个角度看历史

一

传统历史研究的局限性,除了手段外还表现为角度。中国传统史学通常只聚焦政治史,以至于成为"帝王家谱",分析兴衰成败通常也只从道德角度出发,导致很多历史问题得不到令人信服的解释。但是,如果换一个角度,比如财政学的角度,有些疑问可能就涣然冰释。

这里可以举一个我在《简读中国史》中讲过的一个例子,即鸦片战争中为什么中国打不过英国。

鸦片战争中国为什么失败?传统的解释一般认为,中国之所以失败,不仅是因为洋人船坚炮利,更因为中国统治者抵抗意志不坚决,朝中投降派太多,没有打到底的决心。毕竟,当时英国人并没有大面积占领中国领土,更没有打到中国首都。如果中国坚决抵抗,来个持久战,是不是就会拖垮英国,获得胜利呢?英国毕竟是小国,经不起消耗,而我们是大国啊!

如果从财政角度来分析一下这个问题,你就会发现,这个思路行不通。如果拼国力消耗的话,中国其实消耗不过英国。

第一次鸦片战争中国所花费的军费,据茅海建先生的研究,是3000万两左右。[1]英国方面则是1263万两。也就是说,

---

[1] 茅海建:《鸦片战争清朝军费考》。道光二十三年(1843年)四月,上谕中引用曾任职户部也就是财政部的中国官员陈庆镛的一份奏折,说"此次各海疆动拨银两报部者,已不下2000万两,尚有陆续补报等项"。也就是说,官方尚未统计完的结果,第一次鸦片战争,花了清王朝至少2000万两。

只相当于中国的40%。

这场仗英国劳师远征来中国打的,中国有地利人和之优势,为什么会比英国多花很多军费呢?茅海建认为,因为清朝军事供给体制的落后,还有官员大量从中贪污,所以军费问题折射出清王朝财政体制、会计体制乃至税收体制的很多弊端。

更重要的问题是鸦片战争的军费在中国和英国两国的财政收入中的占比有很大不同。这场战争所花的军费,占了中国全年财政收入的70%以上,却只占英国全年财政收入的8%。清王朝每年的财政收入是白银4000万两左右,而英国当时每年财政收入约合白银15540万两。再打下去,中国显然要很快破产,而英国毫无压力。

为什么中英两国财力差距如此之大呢?因为英国在"光荣革命"之后,税收权从国王手里转到了议会手里。不经议会批准,国王不得征税。这样一来,英国的税收体系就变得公开透明,钱从哪来到哪去一清二楚,英国人相信他们的税收可以给他们带来更大的福利。这使得英国的征税阻力很小。更重要的是,"光荣革命"后,英国政府运行更加稳定,透明度和公信力越来越高,英国公民和欧洲大陆的投资者都非常愿意投资英国国债,导致英国发行国债的能力在全世界最强。1790年,英国国债总额为2.44亿英镑,是当年政府收入的十五倍。正是强大的筹资能力,支持英国打赢了一场又一场战争,成为世界头号霸主。

而传统中国的税收体系中存在大量腐败行为,大量税收被各层官员中饱。皇帝也根本想不到发行国债，因为皇帝根本没有向臣民借钱的思维，如果缺钱，他通常会直接没收富商的财产，或者克扣百官的工资。因此，中国在鸦片战争中，不仅是输在了军事上，更是输在了财政上，换句话说，是输在了背后的国家机制上。

二

同样，通过财政这个角度，我们还可以解释另一个问题，就是为什么孙中山会把临时大总统这个位置让给袁世凯。

从表面上看，孙中山在民初把总统之位让给袁世凯，表现出了高尚的政治道德，可以类比于中国历史上的"禅让"。从道德角度解释这个问题有过于简单之嫌。孙中山和袁世凯筹资能力的差距，是导致两个人权力交替的关键。

武昌起义爆发时，孙中山并不知情，他是两天后才在美国丹佛市下榻的旅馆里从报纸上得知"武昌为革命党占领"这一消息的。因为武昌起义并不是孙中山的同盟会领导的，而是湖北的两个革命团体"文学社"和"共进会"发动的。

得知武昌起义成功的消息后，孙中山既兴奋又忐忑，兴奋因夙愿得偿，忐忑的是革命力量急需巨额资金。打仗需要钱，如果没有钱，革命可能会夭折。因此，孙中山没有第一时间回国，而是马上赴欧洲借款。

可惜孙中山筹款成效有限。他抵达伦敦后，同英、美、法、德四国银行团举行会谈,要求贷款。到了巴黎,也每天从早到晚,不断地会见政界、财界要人,结果都一无所获,两手空空回到国内。之所以如此,是因为西方列强对孙中山的能力和信誉并不太信任,认为他难以建立一个稳定的政府。

回国就任临时大总统后,孙中山遇到了更严重的财政危机。清政府垮台后,税收体系也随之瘫痪,独立各省对于中央政府几乎没有丝毫的财政支持。聚集在南京的革命军队达数万人之多,欠饷问题非常严重,南京城里到处都有成群结队的骚动的士兵,叫嚷发放欠饷。南京临时政府向各国借款都没有得到回应。

而袁世凯的融资能力远强于孙中山。列强认为,由于能力更强,经验更丰富,基础更牢固,袁世凯所建立的政府,会比孙中山建立的更为稳定。袁世凯在出任临时大总统之后,英、美、德、法四国银行团迅速送来了袁世凯所要求的200万两白银借款,而且不需要任何抵押。[1]1913年4月27日,袁世凯进一步与五国银行团签订《善后借款合同》,借款总额2500万英镑,期限47年,年息5%。这在当时是非常低的利息。得到了这笔财源,北洋集团对革命阵营占有了压倒性的优势,袁世凯利用列强借款,迅速收编各省负债累累的地方实力派。无论是否发生宋教仁事件,革命派在政治体系中的边缘化都是难以避免的。[2]

---

[1] 章永乐:《重审辛亥革命中的南北议和》,《中国近代史》2023年第5期。
[2] 同上。

量化历史研究

一

除了得到其他学科的助力之外,历史学本身近些年来也出现了研究方法的重大突破,让历史研究出现了新的巨大生机。最有代表性的是量化历史研究方法。

随着电脑的普及、信息化时代的到来,大量的史料被数字化,一个又一个历史数据库出现了。

在传统时代,史学研究经常苦于资料太少。现在的研究者则经常苦于电子资料库中资料太多。以考古墓葬为例,仅仅是香港大学"中国考古数据库"所收录的先秦已经发掘的遗址数量,就接近6万个。以法律档案为例,中国第一历史档案馆大约保留了60万件清代的刑科题本。所谓刑科题本,是清代巡抚向皇帝汇报的地方一些重要案件的公文,每一件对案件的描述都相当详细完整。比如关于人命案,会提供验尸报告和犯人口供,是研究清代社会经济史的重要资料,现在大部分已经向社会公布。不过整个档案数量巨大。大约有1800万页手稿,假如研究者一天读550页,要花90年时间才能读完。也就是说,仅仅是清代的刑科题本,一个研究者一辈子也读不完。

如果你研究清代官员群体,你会发现,缙绅录中有近500万个官员基本信息的记录。如果把这些信息加上地方志中相关的资料,与《清实录》、清代档案中的官员记录匹配起来,数据量会达到数亿级别。[1] 传统研究方法对于如此巨量的信息实在难以下手。

量化历史研究就是为了解决"资料爆炸"难题而出现的新的研究方法。所谓量化历史研究,是指以量化分析方法处理历史大数据,得出更为详尽、清晰、有说服力的研究结论。

我们来看一个量化历史研究的案例,香港科技大学的龚启圣教授和他的博士生进行的一项有趣研究——历史上游牧民族在什么情况下会选择南下攻打中原王朝?

他们的结论是,旱灾是最重要的刺激北方游牧民族攻打中原的原因。旱灾使草原的草长势差,牛马羊难以生存,这是诱使游牧民族攻打中原的重要原因。水灾则正好相反,水灾年份草原上草盛牛肥。他们提供了详细的测算结果:十年内,多一次旱灾会使游牧民族攻打中原的概率提升26%,更长时间内攻打中原的概率比平时提升57.6%;反过来,十年内每多一次水灾会令攻打概率下降36.4%,更长时间内攻打中原的概率比平时下降80.6%。

这个精确到小数点后的结论就是建立在对气候数据库进行量化研究的基础上。以往有学者以传统手段对游牧民族南下原因问题进行过研究,他们比较笼统地推测自然灾害可能是主要原因。这个思路很有启发性,但是缺乏强有力的证明。龚启圣

---

[1] 林展、陈志武:《量化历史与新史学——量化历史研究的步骤和作为新史学的价值》,《史学理论研究》2021年第1期。

教授和他的博士生收集了过去2000余年中原省份的气候数据,包括每年降雨量、旱灾、水灾以及黄河破堤次数,以及北方游牧民族攻打中原的时间和次数,进行统计对比分析,得出了更准确也更有说服力的结论。

二

量化历史研究可以减少传统历史研究过于依靠直觉导致的误差。

传统的历史学偏重史料考证与叙述,强调细读一手史料,强调个案和细节,不强调要找足够多的样本。由于样本量不够,历史学家习惯靠直觉猜想历史事件之间的因果关系,停留在定性分析,很容易出现由个案的偏差导致研究结论的偏差。因为史料浩如烟海,研究者限于资料检索手段和处理手段,只能挑选一些重点案例进行研究,并且往往只注意符合自己期待的案例。罗尔纲在《师门五年记》中讲过一件事。他曾经写了一篇文章,叫《清代士大夫好利风气的由来》,说清代的士大夫比起别的朝代来更为好利。胡适看了后很不满意,批评他说,"这种文章是做不得的。这个题目根本就不能成立"。为什么不能成立呢?因为几乎每一代士大夫都好名好利,特别是清议最激昂的时代,往往恰是政治最贪污的时代。清代士大夫固然好利者多,明代难道就少吗?"明代官绅之贪污,稍治史者多知之。……务利固不自清代始也。"因此不能仅凭几个案例,凭感性认识,甚至凭自己对不同朝代的好恶来得出结论。

量化历史研究则可以帮助研究者最大限度地减少偏差。因为量化历史研究可以收集足够多的样本数据，来对凭直觉得出的因果关系假说做统计检验。如果有足够多的样本，比如足够多的官员贪污犯罪案卷，官员经济状况资料，通过大样本量化的方法，我们确实可以分析不同朝代士大夫出身的官员贪污率的不同，并在此基础上分析原因，来判断清代士大夫是否比明代或者其他朝代更为好利。

三

量化历史研究使历史研究的长度、广度与深度都发生了质的变化。[1]它使研究者更容易打通断代，得到整体性的历史图景。

这方面的一本代表性著作是斯蒂芬·平克2011年出版的《人性中的善良天使》。光看书名，你会误以为这是一本"心灵鸡汤"，其实是一本学术著作。这本书的主旨是，人类历史中一个明显的基本趋势，即暴力趋于减少。

在这本书中，平克通过大量统计和图表，令人信服地说明，我们生活在一个有史以来最和平的时代：在国家出现之前的无政府状态下，人类暴力致死的人数占人口比重是15%，几

---

1 陈志武：《人类不平等的量化历史研究——量化历史研究与新知识革命》（本文是基于2018年7月发表于《北京大学学报：哲学社会科学》的《量化历史研究与新知识革命——以财富差距与消费差距的历史研究为例》一文）。

千年后，则降到了不足 1%。即便是 20 世纪发生了两次世界大战，暴力死亡率也至多是 1%~3%。

换一个角度来说，在原始社会，世界上每 10 万人中有 525 人会在一年内死于战争；16 世纪这个比例下降到了 250 人；到今天，10 万人里只有 0.3 人会在一年内死于战争。从原始社会到 21 世纪，单个人死于战争暴力的概率下降了这么多，这是人类的一个非常了不起的成就。

以往我们论证人类的进步，往往是通过语言叙述，或者是一个一个具体的历史故事。平克用数据说话，显然更准确，也更有效。

近年来，中国学者也进行过一些类似的有趣研究。陈志武、彭凯翔、林展等学者通过大数据研究发现，在清代普通人命案率达到高峰的 1820 年左右，每年 10 万人中有 1.6 人死于一般暴力。和西方的数据一对比，我们就可以清楚地看到，传统中国社会的犯罪率、命案率长期低于欧洲。中国的数据是每 10 万人中有 1.6 人，而西欧同时期每年每 10 万人中有 4~8 人死于一般暴力。也就是说，虽然欧洲自中世纪中期开始命案率一直在下降、文明化程度在不断提高，但是到了 1820 年左右，暴力死亡率还是远高于同时期的中国。这些数据背后反映出传统时代中国和西方社会运转的不同特点。

当然，和普通人的命案率比起来，中西方统治者的暴力死亡率呈现相反的特征。陈志武和林展对中国自秦朝以来 658 位皇帝的死因进行了系统研究，发现 38% 左右的皇帝死于非命，其中71%是死于亲戚或宫廷大臣之手。在中国朝代历史中，每年皇帝死于非命的概率是3‰左右，比普通人死于非命的概率高一千多倍。而根据Eisner对公元600年至1800年欧洲1513个国王的死亡经历研究（Eisner，2011），22%的欧洲国王死于非命，是中国皇帝死于非命比例的一半多一点；每年国王死于非命的概率大约为1‰，大约是中国历朝皇帝面对的暴力死亡率的1/3。何以如此？Blaydes、Chaney分析证明，权力制衡架构越完善，君主权力越小，君主死于非命的概率会越低。这些数据说明，西方在权力制衡方面很早就走上了改良的轨道，而中国皇权体制却一直在摇摆中停止不前。

历史是任人打扮的小姑娘吗？

一

经常有人引用一句"名言"："历史是一个任人打扮的小姑娘"，还说，这句话是胡适说的。

胡适真的说过这句话吗？我可以和你打个赌：翻遍任何一个版本的胡适全集，都找不到这句话。而且如果你对胡适有一些了解的话，你就会知道，胡适的历史观其实是与此相反的。

那么，这个讹传是从何而来的呢？

原来，1919年胡适在《新青年》上发表了一篇关于哲学的文章，名字叫《实验主义》，介绍了一个西方哲学的概念，叫"实在论"（theory of reality）。这个实在是"真实存在"的意思。胡适介绍说，西方哲学家詹姆士认为，"实在是一个很服从的女孩子，他百依百顺地由我们替他涂抹起来，装扮起来"。大意是真实的存在，经过人类感官的过滤，每个人有不同的感受。比如，诗人和植物学家一起春游，诗人感受到的是一种花明柳媚的欢欣，而植物学家看到的是不同植物的生长状态。

这句话是介绍西方哲学家提出的一个哲学观念,与历史无关,更不是表达自己的历史观。

那么,后来人们为什么说是胡适说了"历史是一个任人打扮的小姑娘"呢?

这是故意嫁接的结果。

1953年,历史学家尚钺在《我们为什么要学历史》[1]一文中说了这样一句话:

> 这就如胡适在其所著《实验主义》一文中认为历史"实在是一个很服从的女孩子,她百依百顺地由我们替她涂抹装扮起来……"

这样轻轻一改,就把这句话里的"实在"从一个名词变成了一个副词,意思完全变了。

两年后,著名学者冯友兰在《哲学史与政治》一文中则更加坐实地说:"实用主义者的胡适,本来认为历史是可以随便摆弄的。历史像个'千依百顺的女孩子',是可以随便装扮涂抹的。"

这样一来,胡适就再也摆脱不了这句话了。

那么,胡适在历史领域有没有表达过类似的观点呢?并没有。他的历史观是"大胆假设,小心求证",是"有几份证据,

---

[1] 摘自《历史教学》1953年第5期。后收入《尚钺史学论文选集》,人民出版社,1984年。

说几份话",是"尊重事实,尊重证据"。从这几句广为人知的真正的胡适名言,我们就能明白,胡适认为历史是有真相的,历史学家的任务就是要努力寻找这个真相。

二

可惜的是,近些年来,这句所谓的"胡适名言"传得越来越广,影响也越来越大。著名收藏家马未都在一档脱口秀节目中的每一集开头都会重复一句话:"历史没有真相,只残存一个道理。"更多的人说,历史是笔糊涂账,算不明白,所以不如干脆就不算了。由此推论下去,研究历史,其实毫无意义,纯属浪费时间。

那么,历史到底有没有真相?当然有。

如果说历史是任人打扮的小姑娘,那么前提是确实有一个小姑娘坐在那里,你才有可能在她的脸上涂脂抹粉。历史要有真相,然后才有可能在真相基础上加以扭曲。

不过,"历史是任人打扮的小姑娘"这句话流传得这样广当然也是有原因的。历史的真相,有时候确实不容易被发现。很多时候,历史,特别是某些国家、某些时段的历史,会受到重重的遮蔽,真相经常扑朔迷离。

受哪些因素的遮蔽呢?

首先,当然是掌握历史书写权的人的现实利益需要。中国古代王朝之所以重视历史,除了以古鉴今外,还有一个更重要的目的：一个王朝需要通过历史叙述来论证其合法性，换句话说，是"通过修史掌握解释天命的主动权"。

几乎历代王朝在修史时都要千方百计地证明本朝取代前朝，是因为得到了上天的眷顾和庇佑，而前朝是因为失德失去天命的。成功地运用对历史的解释权，不仅能消弭敌对行动和潜在的反抗势力，还能赢得前朝遗臣遗民的衷心拥戴。因为这一点，不少统治者大量销毁史料，比如乾隆帝销毁了数万卷在他看来是有害的史料。也因为这一点，在中国历史上，那些短命王朝，大多形象不佳，原因也是它们无暇如那些长寿王朝那样，事先给自己储备大量史料和史稿，以备后世采撷。

有的时候，统治者的个人意图会直接影响历史细节的写法。最典型的，是李世民要求史官修改"玄武门之变"的记载。李世民谋杀兄弟、篡夺皇位是蓄谋已久的事，李建成、李元吉也并非如正史所描绘的那样荒悖无道，一无是处。但是在按唐太宗的旨意修成的官方史书中，李世民发动"玄武门之变"成了迫不得已、不得不发的万分委屈之举。

其次，历史写作者求善的目的压倒了求真，常用一句"为你好"遮蔽历史真相。

中国历史上有一部著名的史书《春秋》，它的编者是孔子。在公元前5世纪，孔子在鲁国史书的基础上编成了《春秋》，这部书的最大特点是"春秋笔法"。

什么叫"春秋笔法"呢？就是写史的根本目的是"寓褒贬、别善恶"。《春秋》讲究"为尊者讳、为亲者讳、为贤者讳",通过记载什么、不记载什么,通过用字的轻重,来表达作者的好恶与褒贬。

比如,春秋历史上有一次著名的会盟叫"践土之盟",这是晋文公为称霸而举行的一次国际会议。为了向天下人证明自己霸业已成,晋文公要求周天子参加。但《春秋》却将此事记为"天王狩于河阳"。周天子不是去开会,而是去打猎。

为什么呢?因为孔子反对"以臣召君"的做法。

与此同理,虽然鲁国历史上弑君之事一而再,再而三,但是《春秋》之中,你却见不到明确记载。这就是"为尊者讳"。所以梁启超说,春秋二百四十二年中,鲁国的国君在国内被臣子杀死的有四个,被驱逐的有一个,在国外被杀的有一个。但是《春秋》却未加记载,孔子及其门徒,还公然宣称"鲁之君臣未尝相弑"。[1]这就是一种"历史化妆术"。

孔子写史的方式对后来的中国史学产生了强大的影响,赋予史学强大的政治伦理意义。后来人用"一字之褒荣于华衮,一字之贬严于斧钺"来称颂孔子的"春秋笔法"。但事实上,这与历史学的基本要求无疑是有差距的。

另一部中国史学名著《资治通鉴》同样存在"以善良的目的压倒真相"的地方。我们都知道,司马光写这部书的目的,是"专取关国家兴衰,系生民休戚,善可为法,恶可为戒者,为编年一书",为了给皇帝提供历史上可供学习的模范和值得吸

---

[1] 梁启超:《中国历史研究法》第三章《史之改造》,东方出版社,1996年。

取的教训。所以他在写作中经常采取集中素材的方法，突出一个人的优点或者缺点，以将历史人物编成先进典型和反面典型。这样就导致历史的真实性受到损害。

我们仅举一个例子，《资治通鉴》中对隋文帝去世过程的记载。

《资治通鉴》说，隋文帝杨坚是被继位者隋炀帝杨广暗害的。杨坚病重时，杨广以太子身份居住在宫中，以方便伺候父亲。有一次，杨坚的妃子陈夫人去上卫生间，路上遇到杨广，杨广见陈夫人貌美，想要强奸，陈夫人竭力反抗逃脱，将此事汇报给隋文帝，隋文帝大怒，要召集大臣，想废黜杨广，恢复废太子杨勇的太子之位。杨广听说后，就把隋文帝身边的人都赶走，不久隋文帝就稀里糊涂死了，杨广就篡了位。

这个记载可靠不可靠呢？并不可靠。证据之一是《隋书》对杨坚病情的记录很详细，我们从中可以很清楚地看到，杨坚病情的发展过程证明他是自然死亡，并非为人谋害。证据之二，如果隋炀帝弑父属实，那么，一直不遗余力搜集隋炀帝负面材料的唐代史官一定不会放过。然而，《隋书·高祖纪》中并没有《资治通鉴》中这则"强奸案"的记载。证据之三，如果认真阅读杨广前半生的事迹，你会发现，杨广是一个善于蛰伏、长于自制的人。在杨坚病重，已经举行了决别百官仪式，全国臣民都知道老皇帝熬不了几天的时候，他没有必要冒着巨大的风险像传说中那样提前谋杀父亲。在这些天里，他是全国上下关注的焦点人物，他一方面应该忙着端水尝药，衣不解带，力求完美地扮演孝子的角色。另一方面,他要代理老皇帝处理积累起来的日常政务,要筹备、计划、拍板老皇帝的医疗以至国葬事宜,更重要的,他还要掂量、分析、琢磨朝中各派大臣的斗争形势,掌握各地武力的调配情况,以防止国家大丧之际出现任何变乱。在这种情况下,杨广肯定是全国最劳累、最紧张的人,怎么会不着四六地打起父亲宠妃的主意以致闹出了强奸案来?

那么,司马光的史料来源是哪里呢?居然是野史小说。"强奸案"中的离奇情节,主要是由《大业略记》等野史贡献的。这些野史绘声绘色地描写了"强奸案"的细节,把杨广描写成了一个多年没有亲近过女人的色情狂,于众大臣聚集、举国聚焦的焦点之地,权力授受的关键之时,演出这极可能毁自己二十年积累于一旦的愚蠢下流故事。这个故事漏洞百出,存在太多逻辑上的硬伤,却被司马光引用,并由此被人们津津乐道了近千年。

司马光与杨广何冤何仇,居然不惜降低自己著作的严肃性来丑化杨广呢?因为杨广是一个失败的皇帝,后半生犯了太多错误,是一个非常完美的反面典型。司马光要突出和集中他身上的负面因素,因此不惜曲笔丑化。

三

除了以上因素,在历史书写中,还有一个强有力的干扰因素,那就是民族主义情绪。

日本人普遍认为,天皇是诞生在日本的"神的家族",但考古显示,日本皇室很可能最初是来自中国或韩国。因此,有些考古学家收到了激进民族主义社团的死亡威胁。印度教民族主义者们认为,印度近代以来之所以衰落了,完全是因为英国人掠夺的结果,与印度人本身无关。但是有些印度历史学家指出,这种叙述是存在着明显问题的,并非所有的问题都是别人导致的。于是,这些历史学家收到了恐吓邮件和死亡威胁。

有时候,一个人的记忆会出现扭曲。比如,我在前文中曾提到,我家虽然是贫农出身,但是我一位堂叔总是回忆,我太爷那一代,我们家富得圈里有几百匹好马。然而另一位堂伯则说,我们祖上不过是给王爷放过马而已。我有一位朋友,他的祖上在晚清不过是中过秀才而已,可是在家谱中却被记载是当过三品大官。

和人一样,国家和民族也经常出于自尊的需要,给自己的历史涂上过厚的脂粉,而往别人的历史上泼过多的脏水。有些人甚至直接"创造历史"。比如,近一百年前,美国黑人领袖马库斯·加维就曾发表文章认为,黑人曾经统治过世界,文明是从撒哈拉以南传到古埃及的,苏格拉底也是黑人。俄罗斯著名的"历史发明家"福缅科就曾煞有介事地"论证"过——金字塔是近代人伪造的,古希腊文明也是伪造的。他直接"发明"了"全世界文明皆起源于俄罗斯"的历史叙述。[1]

---

1 玛格丽特·麦克米伦:《历史的运用与滥用》,孙唯瀚译,广西师范大学出版社,2021年。

除了情绪因素外,现实政治利益也是影响国际关系史研究的重要因素。牛津大学历史学家玛格丽特·麦克米伦说,政治家最喜欢滥用历史。墨索里尼想要"重建罗马帝国",希特勒夸大了日耳曼人以往的荣光。麦克米伦是研究巴黎和会的专家,她发现在巴黎和会上,每个国家都想恢复其黄金时代的最大疆域,而且都能找到大量历史记载来支持自己的主张:波兰希望恢复1772年的疆界,塞尔维亚人希望恢复14世纪的疆界,保加利亚人更喜欢他们10世纪的疆域……因此丘吉尔嘲讽道:欧洲拥有太多的历史,远远超出它可以消化的程度。

即使没有现实利益的考虑和明显的民族主义动机,不同的人、不同的国家叙述同一段历史,也必然有不同的角度、不同的重点。比如,中美两国历史教科书对于抗日战争的写法是不同的。中国历史教科书更多聚焦抗日战争,着重描绘了中国英勇抗战的史实和日军的残暴。美国的某些教科书则只将其重点放在太平洋战争、欧洲战争的经过、犹太人大屠杀的历史场景以及对国内战时经济的全景式概述,对中国战场只是简单扼要地做了一个史实的叙述。美国历史教科书对于战争的进程以及各个重要事件着墨较多,但是对于日本侵略者的残暴行径以及美国军人的血泪抗争则描述不多。[1]

---

[1] 李蔚:《中美两国历史教科书比较——以"抗日战争和太平洋战争"章节为例》,华东师范大学硕士学位论文,2011年。

四

正是因为历史这个小姑娘的脸上经常被涂抹了脂粉，才需要历史学。很多时候，历史研究者就如同福尔摩斯一样，进行的是一桩又一桩陈年迷案的侦破工作。相对来说，越是久远的历史，越难厘清。但是历史通常会留下蛛丝马迹，历史研究者的任务，就是通过这些蛛丝马迹，来为历史卸妆。

为历史卸妆，需要一定的方法和技术，比如善于挖掘史料。很多看起来扑朔迷离的历史，一旦找到确凿的史料，真相立刻会水落石出。我有一次请老舅吃肥牛，老舅说你们研究历史的都是瞎扯，历史没有真相。你总说某次战争，是某方先动手打的另一方，你看着了？你参加了？我说老舅，这些都有各种档案资料在啊！打个比方，今天中午咱们吃的什么，过几个月你可能记不住了，再聊起来，明明是肥牛，你非说吃的是卤煮。可如果菜单留下了，小票留下了，这个事儿就能说清楚啊，怎么叫历史没有真相呢？研究历史根据的就是这些留下来的东西。

所以傅斯年主张，挖掘史料，是历史学最重要的工作。他说，"一分材料出一分货，十分材料出十分货，没有材料便不出货"。所以他总结，"史学即史料学"。

此外，还要善于综合、比较、批判性使用史料。

大部分历史并不是如上文所说，仅凭一张证据就能说清，并不是所有的史料都能直接说明问题。分析和运用史料，同样需要技术和方法。

修昔底德是西方"客观主义"或者说追求真实性至上的鼻祖。在名著《伯罗奔尼撒战争史》中，修昔底德说，单一史料来源是不可靠的，不同的目击者对同一个事件，有不同的说法，这是由于他们或是偏袒这一边，或是偏袒那一边，或是记忆的不完全。

因此他认为：不要偶然听到一个故事就写下来，甚至也不要单凭自己的一般印象作为根据。我所描述的事件，不是我亲自看见的，就是我从那些亲自看见这些事情的人那里听到后，经过我仔细考核过了的。就是这样，真理还是不容易发现的。

这就是后世所说的"史料批判"。通过深入的比较和辨析，我们才能确认哪些是可靠的，哪些是不可靠的。就像有的时候，考古学挖出来的材料，并不见得能客观而全面地反映历史。比如，从墓葬中出土的文物所反映的社会只是局部的，因为墓主人往往是富贵之人，是当时社会的极少数，所以这些文物的说明力、解释力是有局限的。[1]

古今中外，无论是一个人，还是一个城市、一个国家的史料，总是具有一定的偏向性，甚至带有明显的利益倾向。这种偏向是正常的。那么，怎么解决这种偏向呢？既然"偏听则暗"，那么解决的方法就是"兼听则明"。历史学家兰克认为，尽可能广泛地搜寻第一手史料，那些彼此矛盾的历史记载，恰好可以消去彼此的倾向性与主观性。

---

[1] 涂成林：《历史阐释中的历史事实和历史评价问题——基于马克思唯物史观的基本理论和方法》，《中国社会科学》2017年第8期。

比如，在研究"三十年战争"中的关键人物华伦斯坦时，兰克不但在华伦斯坦生活过的德国地区收集史料，还前往三十年战争中与德国对立的尼德兰查找资料。这两个地方所保留的史料相差甚远，甚至是相反的。[1]他说，第一手档案文献越多、越精确，历史研究便越有成效。在《教皇史》第一卷中，兰克运用了上千份手稿材料，丰富准确的材料使他因这部著作获得了空前的荣誉。[2]

第三，我们要承认历史研究的局限性，要承认有些历史，可能永远找不到真相。

时间之墙，有时确实无法穿越，相对来说，越是久远的历史，越难厘清。历史学家一直在寻找各种办法，搜集留下来的所有材料，通过"多学科交叉法""二重证据法""大胆假设，小心求证"，宏观研究与微观研究结合，尽最大可能抵达历史真相。有些案子本来看上去已经无望，但某一天，因为新的技术的出现，而柳暗花明。

当然，无论是多么高明的福尔摩斯，也肯定有破不了的案子。我们对历史学"重建"或"还原"的局限性要有清醒的认识。有些案件因为材料和证据被毁灭得太严重，可能永远无法侦破。历史研究在某些具体时段和具体事件上可以达到真实。在总体上也一直逼近真实。有些部分永远无法恢复真实。

但是这并不意味着残缺的历史就没有意义和价值。就像一

---

1 易兰：《兰克史学研究》，复旦大学出版社，2006年。
2 同上。

个残破的瓷碗，有些部分永远灭失，但是我们仍然可以将它大致复原，用现代材料补上缺失，通过残片来获取大量有用的技术或者艺术信息。

五

当然，在这一切之前，还有一个最重要的条件，那就是历史研究者突破自己的主观立场，尽最大努力保持客观性。

书写历史有无数种标准和目的，但是真实性应该是最高的、不可动摇的原则。在中国，有齐太史"秉笔直书"的优良传统；在西方，希罗多德也明确提出了"真实性"这个第一原则："就我个人而言，我的这部历史的原则就是真实记载我所听闻的任何民族的传说。"

因此历史要求研究者尽量避免主观情绪和立场对自己的干扰。我们首先要认识到，人是容易受感情因素左右的，正因为如此，我们才需要着重提醒自己。正如兰克在《英国史》中所说的："我想消灭自我（extinguish, as it were, myself），只让事实说话，让推动力量（powerful forces）出现。"[1]

对国家和民族来说同样如此。一个国家只有从民族主义情绪中走出来，从神话史学中走出来，从非黑即白的叙述方式中

---

[1] J. D. Braw, "Vision as Revision: Ranke and the Beginning of Modern History", History and Theory, Vol. 46, No. 4 (Dec., 2007), p. 56. 转引自王娟：《"如实直书"与兰克史学思想》。

走出来，才有可能发现真实的历史，并且真的从历史中受益。

戴蒙德在《剧变》中说，一个国家要成功，首先要做到"诚实的自我评估"，愿意诚实地面对历史，面对自己的不足。"成功的国家自我评估需要具备两个元素，缺一不可：一个是愿意直面痛苦的真相，另一个是知识储备。"一个真正成熟的民族，是既能充分记载和缅怀自己祖上的荣光，也能深入剖析自己传统中的黑暗和错误之处，而不是只用单一的"受害者心态"来反思历史，把一切责任推到外来者身上。在有一些国家，对历史的真诚反思确实推动了现实问题的解决，比如，曾经实行"种族隔离制度"的南非。南非黑人和白人所讲述的南非近代史完全不同，那么，到底哪种讲法是正确的呢？曼德拉推动南非成立了"真相与和解委员会"来审查历史，将南非历史上种族隔离的罪恶公之于众，虽然这不能完全抚平过去所有的创伤，但至少达成了以此为起点团结一致向前，共创未来的共识，这也使南非的社会转型比较平稳。迈克尔·霍华德说，充满英雄和反派的历史只是"温室中的历史"。神话幻灭是一个社会走向成熟的必经之路。

不过，正如有良好反省习惯和反省能力的人不多一样，拥有合格的历史反思能力的国家和民族也不多。玛格丽特·麦克米伦说，在很不情愿的情况下接受真相、承认错误，是一个国家和个人成熟的标志。如果人们不这样做，人们将永远不会在历史中学习任何东西。

第四部分

番外

转眼,写作已经十五年了。我也由大学刚毕业的青年,接近中年,人生中最美好的年华付给了书桌。抬头一看,几乎一切都已经沧海桑田。

鲁迅的收入与生活

第一篇 鲁迅与祖父：遗传的力量

一

绍兴人，在北京生活过十多年。

个性强毅好斗，擅长骂人，能骂到令人"镂心刻骨"的水平。

喜欢文艺，文笔优长。

数十年坚持记日记，一直记到临死前一天。

读了以上这些描述，相信很多人会认为此公只能是鲁迅。其实这些文字，也可以一字不差地用来描述他的祖父周介孚。

遗传的强大往往超乎我们的想象，以至于隔辈人之间的相似可以达到复印式的精确。

周作人回忆祖父周介孚，说他身上最突出的特点就是脾气乖张、极善骂人。骂人是他日常生活的一部分，周作人说，上至皇帝老子，下至子侄孙儿，都被他骂遍了。他骂起人来，"明示暗喻,备极刻薄,说到愤极处,咬嚼指甲嘎嘎作响,乃是常有的事情"。

他骂人总能一针见血。他骂慈禧是"昏太后",骂光绪是"呆子",骂夫人是"王八蛋"。有时拐了一道弯,则更蕴藉有味。比如有一次,鲁迅三兄弟一起在桂花明堂站着聊天。

> 祖父笑嘻嘻对我们说:"乌大菱壳氽到一起来了。"

为什么骂"乌大菱壳"呢?绍兴水多,人们吃完菱角后,往往把菱角壳扔进水里。时间久了,漂浮着的菱角壳变成乌黑的一片。"乌大菱壳",实际上就是废物的意思,又兼具"腹中空空"的含义。

骂人显然是祖父生活中为数不多的乐趣之一,因此他不放过任何一个机会。他经常对族人大讲《西游记》里的故事。周作人后来才知道,这是为了讽刺本家堂弟媳"衍太太"(鲁迅作品中写到过这个人物)。"衍太太"作风不好,与族侄周五十姘居。人们传说周五十是因为偷看了"衍太太"洗澡而发生奸情,周介孚便以猪八戒偷看蜘蛛精洗澡来加以讽喻。"介孚公对于这事很是不满,不过因为事属暧昧,也只好用他暗喻的方法,加以讽刺,于是有在堂前讲《西游记》的事情,据族叔官五(别号观鱼)所记,所讲的是猪八戒游盘丝洞这一节,这故事如何活用,我因为没有听到过,无从确说,但总之是讽刺他们两个人的。"

此公不仅善于以口诛，亦长于以笔伐。他生前留下了一副挽联，是自挽的：

> 死若有知，地下相逢多骨肉。
> 生原无补，世间何时立纲常！

鲁迅看了以后说："这是在骂人。"他对弟弟解释说："死若有知，地下相逢多骨肉。"只有地下才能找到骨肉，那么，他的意思是在说，活着的这些亲人，和他并不亲热，对他不够孝顺。[1]

鲁迅的父亲周伯宜病逝以后，他也曾写有一联：

> 世间最苦孤儿，谁料你遽抛妻孥，顿成大觉。
> 地下若逢尔母，为道我不能教养，深负遗言。

"为道我不能教养，深负遗言"，这分明是指责这个死去的儿子不听父母的话，辜负父母之恩。这种曲折深刻，后来在鲁迅的文字中多有继承。

鲁迅在尖刻的同时也以幽默著称，而他的祖父也是既善骂又善谑。周作人说："他常讲骂人的笑话，大半是他自己编造的。"

---

[1] 周建人口述，周晔整理：《鲁迅故家的败落》，福建教育出版社，2001年，第197页。

胡适日记记载：

> 演讲后，去看启明……启明说，他的祖父是一个翰林，滑稽似豫才；一日，他谈及一个负恩的朋友，说他死后忽然梦中来见，身穿大毛的皮外套，对他说，"今生不能报答你了，只好来生再图报答"。他接着谈下去："我自从那回梦中见他以后，每回吃肉，总有点疑心。"这种滑稽，确有点像豫才。[1]

二

鲁迅和周作人的文学天赋，都与这位祖父的遗传及培养有关。

周介孚是翰林出身，自然文笔优长。后来，两江总督沈葆桢参劾他的时候，考语是"办事颟顸而文理尚优"。

他著有一本诗集《桐华阁诗钞》，还有一本名为《恒训》的家训。这本家训与众不同的地方在于有一些阐明大道理的小故事写得如同《聊斋志异》一样精彩可读。

他的读书品位和普通老夫子也颇有不同，不喜读高头讲章，而喜读小品文[2]，祖父指导鲁迅兄弟读书时，主张可以让孩

---

[1] 胡适：《胡适文集》（第二卷），燕山出版社，2009年，第164页。
[2] 鲁迅祖父留下的藏书中，有一本《古文小品咀华》，他在上面批道："纸劣字拙，而文可读，因以薄直得之。"

子们多读小说，如《西游记》等。这一主张在当时可以说是极为开明甚至惊世骇俗的。另外，他高兴的时候，还会带孩子们去看戏，或者给他们讲故事。这些无疑对鲁迅兄弟一生的文学道路产生了极为重要的奠基作用。虽然鲁迅从来没有提到过这些，但是他的弟弟周作人却念念不忘，他说：

> 他的影响却也并不是全没有，小时候可以看小说，这一件事的好处我们确是承认，也是永不能忘的。

> 他的教育法却很特别。他当然仍教子弟做时文，唯第一步的方法是教人自由读书。尤其是奖励读小说，以为最能使人"通"，等到通了之后，再弄别的东西便无所不可了。他所保举的小说，是《西游记》《镜花缘》《儒林外史》这几种，这也就是我最初所读的书。

三

祖孙俩性格之强毅也非常相似。

周介孚说，"予性介"。确实，周家并非世家，家计不丰，甚至请不起老师，能在这样的家庭里科举成功，并且成为翰林，没有点奋斗精神是不可能的。

> 介孚公幼年时家贫好学，无资延师，经常就三台门

族房书塾中,趁塾师讲解经义或教授时艺,辄往旁听。一塾一塾的挨着听过去,其时各房族经济充裕者多,各延师设塾以课子弟,讲学时间特予参差先后,原意就是为使各塾就学子弟可相互听讲,以宏造就。介孚公也是趁机进修,他天资高,易于领会,收获最大。族中人誉之为"收晒晾"(乘便得利的意思)。[1]

鲁迅继承了祖父的这种奋斗精神。他在家道破落的过程中,依靠个人的发愤挣扎,才得以走出家乡,获得留学资格。

周介孚性格的另一个特点是极有恒心和毅力,一个表征是他记了一辈子日记。周建人回忆,祖父的日记"是用红条十行纸写的,线装得很好,放在地上,有桌子般高的两大叠,字迹娟秀"。

无独有偶,鲁迅一生也是不间断地记了数十年日记,方式也与祖父一模一样。"(鲁迅)日记以毛笔竖写在印有丝栏的毛边纸稿纸上,1921年以前用的是每张十八行的'乌丝栏'稿纸,1922年以后用的是每张二十行的'朱丝栏'稿纸。……共计二十五本。"[2]

周介孚的日记一直记到临终前一天。"祖父临终前发高烧

---

[1] 周冠五:《鲁迅家庭家族和当年绍兴民俗》,上海文化出版社,2006年,第16页。
[2] 祖孙两个人的日记内容,主要都是生活流水账。因为周介孚认为写日记的主要作用就是辅助记忆:"所见所闻,关学问者,关家务者,一一记簿,时时细看,切勿怠惰。凡有作为之官宦,成家立业之士民,无不有日记账簿。平生阅历,逐年事务,及一切用场,了如指掌。"

的时候,还在记日记",而鲁迅的日记也是临终前一天才停止。

周介孚一生最重大的事件是那场轰动朝野上达天听的科场案。事发之后,审案官员为了大事化小,向上汇报说他精神有问题,神志不清。周介孚却毅然呈供自己精神完全正常,并且当堂揭发,质问为什么某某和某某都行贿考官平安无事,只有我倒霉?搞得审案官下不来台。

入狱之后,有一次臬司到狱中点名,犯人按例都应答"有"。臬司因为周介孚以前也做过官,算是官场前辈,点到他的名字时特意站了起来,以示尊敬。没想到他却恨恨地回了声"王八蛋"。"可见他的倔强气魄。"[1]

犯人出狱时,狱卒照例会来敲诈上一笔钱。周介孚被释放时,狱卒也前来伸手。周介孚明白这一套,拿起门闩就打,打得狱卒抱头而逃,他还在后面追了一段,才恨恨地停下脚步。

鲁迅一生"不怕鬼",敢于并乐于与各色人等争斗,临终前仍宣布一个也不宽恕,这些都颇似祖父的风格。[2]

---

[1] 周冠五:《鲁迅家庭家族和当年绍兴民俗》,上海文化出版社,2006年,第18页。

[2] 这祖孙俩生活中相似的地方实在太多了,我们仅再举一个例子。祖父得知自己不治后,留下的遗言是:"如今家境不太好,办后事量力而为吧!总要为活人着想,丧事从简。"而鲁迅关于身后的遗言则是:"赶快收敛,埋掉,拉倒……忘记我,管自己生活。"

四

人类心理中一个有趣的现象是,人们往往并不喜欢与自己个性过于相似的人。鲁迅对他的祖父正是如此。

"在周氏三兄弟中,真正在个性、性格上承袭了祖父遗风的,恰恰正只是鲁迅。"[1]

周作人、周建人的回忆录中,都多次写到祖父,既指出他的缺点,也论及他的长处。只有鲁迅,虽然写了很多回忆早年生活的文章,多到能汇成集子,但是绝口不提这位对他一生有极大影响的祖父。

1919年,鲁迅返回绍兴迎接家人移居北京。三兄弟卖掉了祖宅,并处理了很多无法携带的生活杂物。关于如何处理祖父的日记,兄弟们产生了分歧。周建人说,有些东西,比如账目、课本和一些不重要的书籍,一股脑儿放在火中烧了。但是,"烧到我祖父的日记时,我有点犹豫了"。周建人在鲁迅面前一再表示他对于祖父遗物的珍惜,建议鲁迅把它们带到北京,作为传家之宝。可是鲁迅却说,里面记的无非是娶小老婆等无聊的事,没有任何价值。在鲁迅的坚持下,祖父那些文笔娟秀的厚厚的日记都被烧成了灰烬。周建人遗憾地回忆道:"这两大叠日记本,就足足烧了两天。"

吴俊分析说:"如果说鲁迅在形成这些个性心理倾向的过程或最初萌芽时,祖父的影响因素及其作用是非常明显和深刻的

---

[1] 吴俊:《鲁迅个性心理研究》,华东师范大学出版社,1992年,第106页。

话,那么,第一个遭到鲁迅这种心态还击和报复的人,恰恰也正是他的祖父。……从这件事中,我能够想象并似乎看到了鲁迅因报复了祖父对自己的虐待而感到的那种充满了复杂感情却又是带有恶意的心理快感。"[1]

第二篇　鲁迅的公务员生涯

一

在一般人的印象中,鲁迅是二十五岁(1906年)在日本留学期间,因为幻灯片事件受到刺激,弃医从文,投入文学事业,发愿要用文学唤醒国人。

而事实上,鲁迅直到三十七岁(1918年),才写了第一篇白话小说。[2]

那么,三十七岁以前的鲁迅主要在做什么呢?

做公务员。用他自己的话来说,是在做"官"。

辛亥革命是"海归"们成为社会中流砥柱的一个契机。从日本回国后,鲁迅本来只是师范学校的一个普通化学老师,绍兴一"光复",他马上被委任为"浙江山(阴)会(稽)初级师

---

[1] 吴俊:《鲁迅个性心理研究》,华东师范大学出版社,1992年,第105页。
[2] 虽然留学日本时他就已经成为一名文学青年,但是他的文学创作并不多,年过三十才刚刚写出平生第一篇小说《怀旧》(1911年),不过还是用文言文写的,发表在上海的鸳鸯蝴蝶派刊物《小说月报》上。

范学堂监督",也就是校长。

然而上任不过两个月,1912年初,一个更好的机会来了。他的朋友许寿裳从南京给鲁迅来了封信,说他已经向中华民国临时政府(南京)教育部部长蔡元培推荐了鲁迅,请他到南京任民国临时政府教育部部员。

鲁迅毫不犹豫地辞了职,前往南京。

1925年,鲁迅回顾当年从政的心情写道:

说起民元的事来,那时确是光明得多,当时我也在南京教育部,觉得中国将来很有希望。

鲁迅的祖父周介孚三十四岁中了进士,步入仕途。鲁迅进入教育部这一年是三十二岁,与祖父相仿。

有趣的是,祖父中进士时向朝廷申报的年龄是二十七岁,少报了七年[1],目的是将来多做几年官。而鲁迅进入教育部时,也把自己的年龄虚报了一岁,动机也是相同。[2]

---

1 鲁迅祖父1837年生。周作人说他死于光绪甲辰,年六十八岁。那么生年应该是道光十七年丁酉。他自己报告政府的生年是道光甲辰,差了七年。"照当时官场习惯,读书人初通籍的时候报告政府的年龄叫作官年,往往比实年少报几岁,为的是万一年老时仍在做官,就可以不致因为年龄被迫退休,而有多恋栈几年的机会。不过普通虚报一两岁,像这样一减减去了七年的也许不多见吧。"(北京鲁迅博物馆鲁迅研究室编:《鲁迅研究资料7》)
2 《民国元年·世界年鉴》在"民国教育部现任人员详表"下,列有以下条目:"社会教育司第一科佥事周树人,豫才。(年龄)三十一,(籍贯)浙江,(任职时间民国元年)八月二十一日,(住址)南半截胡同山阴会馆。"由这个任命看,鲁迅的年龄少报了一岁,这也是做官的故技,为了多做一些年头。

从地方奔赴首都的鲁迅,怀抱着"直挂云帆济沧海"的志向。绍兴人天生有从政基因,何况周家本是官宦世家。乡人也都认为鲁迅从此要"阔"了。数年后鲁迅回乡接母亲时,邻居"豆腐西施"就对他说:"阿呀呀,你放了道台了,还说不阔?你现在有三房姨太太;出门便是八抬的大轿,还说不阔?吓,什么都瞒不过我。"可见此次鲁迅出仕,亲戚邻里们都认为是周家中兴的开始。[1]

二

民元初创的教育部,机构相当精简,一共三个司:"普通教育司""专门教育司""社会教育司"。每个司下面有两个到三个科,全体人员不过73名。

刚到南京,鲁迅的职务是"普通教育科科员"。数月后,国民政府北迁,鲁迅也随之北上,半年之后即获升迁:官阶被定为"佥事",实职则被任命为社会教育司第一科科长。

这个科长,不同于今天的科长。因为鲁迅的顶头上司是司长,所以按今天的级别,应该算是处长。

至于官阶"佥事",则比今天的处级还要高。"佥事"是民

---

[1] 吴海勇:《时为公务员的鲁迅》,广西师范大学出版社,2005年,第26页。

国沿用清末的官阶名,在清末,佥事为从四品[1]。

所以鲁迅的官位,如果从品级看,相当于清代的从四品,也就是现在的副司局级。从职务来看,相当于今天的处长。在佥事之下,还有主事、技正、办事员、录事、工友等级别[2],因此晋升之后的鲁迅在教育部是正儿八经的中层领导,在部中日常事务有人负责给他跑腿[3]。鲁迅认为这个官还是比较"大"的。后来1926年7月的一天,已经久不到部的鲁迅到部里办事。"一进门,巡警就给我一个立正举手的敬礼。"鲁迅因此感慨道,"可见做官要做得较大,虽然阔别多日,他们也还是认识的。"

鲁迅的祖父周介孚进入仕途后,先是翰林院庶吉士,散馆时外放做了几年江西金溪县知县,后来回京任从七品内阁中书。综而较之,与鲁迅的这个官位大体相当。

因此获得这个任命的时候,鲁迅是相当兴奋的。1912年8月22日,鲁迅日记中记载:"晨见教育部任命名氏,余为佥事。"[4]当天晚上,鲁迅约好友钱稻孙、许寿裳到广和居欢宴,"每

---

1 属教育部的五等"荐任官"。民国时官员分为特任官、简任官、荐任官、委任官四级。特任官指国务总理及各部总长、各省督军等,就是省部级以上,是由大总统直接任命的。简任官指各部次长、各省政府委员。荐任官指由各主管长官推荐任命的,如各部科长、各省县长。委任官是由直辖长官直接委任的,如各部科员。清末各部分设"佥事"和"主事",重要的部设"佥事",一般的部设"主事",职责相同,但品级不同:佥事为从四品,主事为六品。

2 吴海勇:《时为公务员的鲁迅》,广西师范大学出版社,2005年,第38页。

3 鲁迅在1917年11月6日的日记中说:"上午命部役往邮局取得家所寄茗一包。"

4 1912年11月2日鲁迅在日记中说:"上午得袁总统委任状",正文"任命周树人为教育部佥事,此状",以下"中华民国元年八月二十一日发",盖着"大总统印"。

人均出资一元",在当时属于非常阔气的一餐。饭后回家,日记记载"归时见月色甚美"。这种反映心情的景色描写在鲁迅日记中是极罕见的。五天之后第一科科长的委任状颁下,鲁迅当晚又"大饮于季市之室"。[1]

后来鲁迅在与陈西滢等打笔仗的时候,因为陈氏讽刺他是"区区佥事",鲁迅回击说:

> 据我想,佥事这一个官儿倒也并不算怎样"区区",只要看我免职之后,就颇有些人钻谋补缺,便是一个老大的证据。

从这些叙述可见,鲁迅对这一职务是相当看重的。

三

那么,鲁迅这个"较大"的"官",都主管什么呢?社会教育司第一科科长,管辖以下内容:

> 关于博物馆、图书馆事项;

---

[1] 被任命后不久,鲁迅还和其他官员一起,进谒了大总统袁世凯。据鲁迅日记记载,那一年12月26日,北京大雪,鲁迅早早起来,匆匆赴铁狮子胡同,随众人进谒大总统,恭听袁世凯"述关于教育之意见可百余语,少顷出"。出来时已经中午,鲁迅在日记中写道,"雪霁,有日光"。心情相当不错。

> 关于动植物园等学术事项；
> 关于美术馆、美术展览会事项；
> 关于文艺、音乐、演剧等事项；
> 关于调查及搜集古物事项；
> 关于通俗教育及讲演会事项；
> 关于通俗图书馆及巡行文章事项。[1]

管辖范围颇广。1920年以前，鲁迅对他的工作是相当尽职和努力的。作为民国创始阶段一个中级官员，鲁迅在这个崭新国家的文化建设中留下了自己的印迹。今天的中国国家图书馆和故宫博物院、国家博物馆，最初都是由他参与首创的。

国家图书馆的设立与管理是鲁迅的职责范围。"社会教育司成立后的第一件事，就是要筹办一个京师图书馆。"为了筹办京师图书馆总馆和通俗图书馆，鲁迅花了很多时间和精力，这在日记中多有反映。

鲁迅也参与了历史博物馆的筹建。1912年6月25日，鲁迅日记记载，"午后视察国子监及学宫"，是为了察看国子监是否适合设立历史博物馆。历史博物馆的采购事宜鲁迅也参与。日记记载有"赴历史博物馆观所购明器土偶，约八十余事"。

中华民国的国歌审定也是鲁迅的工作内容。因为要审定新的国歌，1917年，鲁迅"往高等师范学校听校唱国歌"。1919

---

[1] 薛绥之：《鲁迅生平史料汇编》（第三辑），天津人民出版社，1983年，第102页。

年,鲁迅被指派为"国歌研究会"干事,颇为此事奔忙了一段时间。

中华民国的国徽更是由鲁迅直接设计的。钱稻孙回忆说:"总统府要定国徽,由陈任中传达,让鲁迅、许寿裳和我同拟。……国徽的说明是鲁迅写的。图案并不很好,但文章写得很好,是用六朝文写的,部里其他的人是写不出来的,教育部的人都很佩服。……国徽上是十二件东西,拟好之后交部里了,很用了一阵子,驻各国使馆用了,国书上用了,证书上也用了,钱上也用了。"

此外,鲁迅还受蔡元培所托为北大设计校徽,这一校徽一直沿用至今。

注音字母方案也是鲁迅参与制定的。1913年2月,鲁迅参加"读音统一会",因为与会人员达不成统一意见,鲁迅作为会议主办方工作人员,努力居间调停,促成了解决方案。

> 有的主张用音韵来代,反对的说,各地方言音韵都不同;有人主张去掉汉字,反对的说,去掉汉字就是割断了中国的历史;有人主张用简字,反对的又说,简字是不正当的,等等。……我们教育部的五个人提议用注音字母的方案,大家同意了。因为这三十九个注音有许多好处,是篆字演化来的,又是独立字,又有音韵,笔画少,所以大家同意了。

戏剧也是归第一科管理的。1912年6月，鲁迅为了考察戏剧，前往天津出差。任务是观赏新旧戏剧。到了天津，他前往洋行"购领结一""革履一"。显然，因为代表官方看戏，他需要西装革履出席。[1]

此外，鲁迅也参与过"大内档案"的整理，主持过教育部社会教育司规程草案的编订，在溥仪出宫后被任命为清室善后委员会助理员，在中华民国文化奠基的很多方面做过自己的贡献。

当然，也有一些活动，今天看起来不甚光彩。比如，从1913年至1923年，鲁迅每年都要参与祭孔。这在当时被进步知识分子认为是反动的文化活动，是为袁世凯复辟帝制服务的。鲁迅对此也不以为然，不过他每次都按时参加，行礼如仪。日记中此类记载不一而足，比如，1913年9月28日："星期休息，又云是孔子生日也。昨汪总长令部员往国子监，且须跪拜，众已哗然。晨七时往视之，则至者仅三四十人，或跪或立。"1915年3月15日："赴孔庙演礼。"16日："夜往国子监西厢宿。"17日："黎明丁祭，在崇圣祠执事，八时毕，归寓。"

鲁迅的同事钱稻孙回忆说："袁世凯想做皇帝，我们是不以为然的，比如做执事生，虽然不乐意也得去，不敢怎么反抗。"

除了祭孔，鲁迅还在卖国的《二十一条》(《廿一条》)上签过自己的名字。钱稻孙说："有一次，袁世凯与日人订了《廿

---

1 吴海勇：《时为公务员的鲁迅》，广西师范大学出版社，2005年，第56页。

一条》,把《廿一条》条文写在摺本上,放在秘书处,叫部员一个一个地进去看,看完条文就要签上自己的名字,我们不同意,看这条文很伤心,但也得签名,当时哪敢不从呢。"

四

从以上事实我们可以看出,鲁迅并不是如我们想象的那样,仅仅把公务员工作当作一个饭碗,而把主要精力放在文学创作上。在公务员生涯早期,鲁迅这个"官",做得是很认真的。所以进教育部两年多后,他又从五等官进叙为四等官,后又得过北洋政府颁发的五等嘉禾勋章,这些他均郑重记录在日记中。1915年,袁世凯为了称帝颁大总统策令,对各部门公职人员进行封赏,封鲁迅为"上士",由国务卿徐世昌签发、盖大总统印的策命文是:"教育部佥事周树人守学祢敦,当官无阙,才既胜于吏事,职当列清班,兹策命为上士。"袁氏称帝后的洪宪元年二月,鲁迅又得"进第三级俸"的物质奖励。

后来他这样总结自己:

> 树人充教育部佥事,已十有四载,恪恭将事,故任职以来屡获奖叙。

鲁迅的勤勉和尽职,背后有两个动力。

第一个是晋升。刚刚进入公务员体系半年,鲁迅就成为中级官员。下一步如果晋升,就会成为司长,数年乃至十数年后成为次长乃至总长,并非不可想象。事实上,数年以后,鲁迅的很多同事都纷纷"进步"。1915年,他的老同学伍仲文升为普通教育司司长,与他同级别的佥事陈仲骞做到了代理次长,他的下级主事李梦周做到了司长,甚至小小技正范吉陆后来也做到了司长[1]。连老朋友许寿裳,也先到外省做了教育厅厅长,后来回到北京,做了高校校长。1922年,和鲁迅一样留学日本、同样做过师范学校校长的汤尔和甚至出任教育总长。此人进入教育部比鲁迅晚,1914年做校长时还专门跑到教育部巴结过鲁迅,鲁迅日记中记他"似有贺年之意",语气颇为鄙视,没想到数年后却成为鲁迅的最高领导。

所以鲁迅对自己的仕途有一定的期望值,也是理所当然的。

不过,鲁迅的仕途虽然起点较高,但是却后劲不足。1915年之后,鲁迅在仕途上就陷入停滞,"在教育部见天学做官",却一直没有再能升官。这一走势与祖父也非常相似。

鲁迅的祖父周介孚离开翰林院外放为江西金溪县知县后,虽然也颇想有所作为,但是因为性格因素,在官场待得并不如意。他言语刻薄、愤世嫉俗,与上司和同僚都经常发生冲突。因此只做了四年知县,即被沈葆桢以"办事颟顸而文理尚优"参劾,灰溜溜回到北京。

---

1 吴海勇:《时为公务员的鲁迅》,广西师范大学出版社,2005年,第124页。

和祖父一样，鲁迅固然精细、勤勉、愿意尽职，但是他性格中的偏激和苛刻导致他无法很好地处理与上级和同僚的关系。周建人说：

> 鲁迅……不大喜欢祖父，然而他的性情，有些地方，还是很像祖父的。这是没有办法的事情。
>
> 祖父曾经做官，但……他却常常顶撞上司，与衙役争斗很厉害的。……鲁迅在教育部当佥事时亦与上司争意见，与章士钊就闹得很凶。[1]

鲁迅对"高等做官教科书"不是读不懂，而是做不到。他表面上言语不多，内心中却相当倨傲，几乎所有上司都不入他的法眼。招鲁迅入部的蔡元培不久就离职，继任者为范源濂。鲁迅听了他的演讲后在日记中记载"其词甚怪"，显然有些瞧不起。范氏干了不到一年又走了，海军总长刘冠雄兼任教育总长，鲁迅听了他的就职演说后评价说"不知所云"。对次长梁济善，鲁迅的评价则是"山西人，不了了"。

他的直接领导，也就是社会教育司司长，一开始是夏曾佑，是著名历史学家，其学术成就今天仍然得到较高评价。"社会教育司司长是夏曾佑。夏学问很好，在当时也比较有科学的头脑。"然而鲁迅对他的评价是"阴鸷可畏也"，还给他起了个

---

[1] 中国社会科学院文学研究所鲁迅研究室：《1913—1983 鲁迅研究学术论著资料汇编》（第四卷），中国文联出版公司，1987年，第 386 页。

外号,叫"老虾公"。

内心鄙夷如此,鲁迅自然很难搞好和上级的关系。他有时甚至还会犯官场之大忌,顶撞上司。

> 鲁迅在教育部中任职的时候,他当社会司下面的一个科的科长,是管图书馆等事情的。有一回,一个次长叫他把一件公事给他批准,他看了一看公文,说不能批准。这种举动由旧日做官的看来,可以说是不照做官的规矩。[1]

他与大部分同事的关系也并不算好。他对部中同事大都有些看不起,认为他们观念落后,不学无术。1912年7月12日,鲁迅参加临时教育会议,会上决定,取消美育教育。鲁迅激愤地在日记中写道:

> 闻临时教育会议竟删美育,此种豚犬,可怜可怜!

鲁迅1918年给许寿裳的信中说:

> 京师图书分馆等章程,朱孝荃想早寄上。然此并庸妄人钱稻孙,王丕谟所为,何足依据。而通俗图书馆者尤可笑,几于不通。仆以为有权在手,便当任意作之,何必

---

1 中国民主促进会中央宣传部编:《周建人文选》,中国文史出版社,1988年,第292页。

参考愚说耶？

钱稻孙自认为是鲁迅好友，相知甚深，他哪里想得到自己会被鲁迅私下称为庸妄人。对待好友尚且如此，其他人更可想而知。

相似的个性，导致祖孙两个人的公务员生涯走势大致同步。周介孚被弹劾回到北京后，花钱捐了个从七品的"内阁中书"，熬了十来年，也没等到东山再起的机会。后来因为母亲去世"丁忧"回家，结束了十四年京官生涯。鲁迅和祖父一样，从三十二岁到四十六岁整整做了十四年京官，到离职那一天，级别仍然是一个"处级"，没有得到任何升迁。

五

虽然得不到升迁，鲁迅仍然愿意继续在部中效力，因为这里还有第二个吸引他的因素，那就是丰厚的薪水。

1912年8月，鲁迅成为五等佥事后，月工资定为240元。1914年8月，鲁迅从五等晋升为四等，工资也由240元上涨为280元，与当时的大学一级教授的薪俸相同。1921年，鲁迅又获得了佥事的最高薪俸360元之"年功加俸"。

这样的薪俸购买力如何呢？陈志远在《文化人的经济生活》中说："北京1911年至1920年大米每斤3分钱，猪肉每斤1角至1角1分……植物油每斤7分钱。"当时北京的一个普通四口之家,每个月的伙食费是 12 元。鲁迅所雇的女佣,每月工资是 2 元至 3 元。因此鲁迅的收入是普通市民的数十甚至上百倍,堪称巨款。

正是因为有了这样高的收入,1919 年,鲁迅、周作人兄弟才能以自己近 3000 元积蓄,加上卖掉绍兴故宅所得的 1000 余元,买下北京新街口八道湾一套四合院。八道湾 11 号是北京典型的"三进"大型四合院。[1] 前院坐南朝北的前罩房共 9 间,每 3 间 1 套,当中 3 间是鲁迅的书房。中院有高大的北房 3 间,东房西房各 3 间,后院内有后罩房 9 间。这在当时已是颇为阔气的住宅,今天更是价值起码过亿。

也正是有了这笔薪俸,鲁迅在北京才能过上比较优裕的生活。他在北京时期,嗜好下馆子、看戏、逛琉璃厂买书籍碑帖文物。这都是有钱有闲阶级才能做的事。他平时上下班常坐黄包车。钱稻孙回忆有一段时间鲁迅曾"包了一个铁轮的洋车,上下班和外出都坐车,包的时间不长。不包车时,也总是雇车,走路的时候很少。因为当时道路很不好走。……教育部门口车有的是,雇车好雇"。今天的公务员午饭都在食堂解决,而鲁迅是到馆子吃包饭的。1914 年 3 月 26 日鲁迅日记记载:"午与稻孙至益锠午饭,又约定自下星期起,每日往午食,每六日银一元六角。"鲁迅日常生活也有仆从伺候。1914 年 8 月 11 日鲁迅

---

[1] 鲁迅当时还无子女,但两个弟弟都有孩子,他买房首先想到孩子们的养育成长。鲁迅曾对许寿裳说,买八道湾的房子是"取其空地很宽大,宜于儿童的游玩"。

日记记载："佣剃去辫发，与银一元令买帽。""佣"就是仆人。

能享受这样"上等人"的生活，完全是因为有这个公务员身份。因此，1913年底，教育部宣布要裁员，并且说佥事、主事要裁去一半时，部中人心惶惶，人人自危。鲁迅也非常提心吊胆，好在最终鲁迅的职务没有受到影响。

1913年12月25日鲁迅日记：

> 教育部令减去佥事、主事几半，相识者大抵未动，惟无齐寿山，下午闻改为视学云。

26日日记：

> 晚又有部令，予与协和、稻孙均仍旧职，齐寿山为视学，而胡孟乐则竟免官。庄生所谓不胥时而落者，是矣。

鲁迅自己悬着的心落了下来，但是对于那些落职的同事颇感同情，因为他深知这个饭碗的重要性。

六

1920年起，也就是从政八年之后，鲁迅对公务员生涯终于开始感觉厌倦。

原因有两个：一个是他迟迟得不到升迁，而且也已经明白自己不太可能升迁了，因此生活重心已经从恪尽官守转向文学创作；另一个更重要的原因，是从1920年起，由于政局动荡，教育部开始欠薪，经常几个月不开支。

因此他在教育部工作的两大动力至此都已经近乎熄火。

民以食为天，欠薪直接影响到鲁迅的日常生活。此时他肩负着包括母亲和两个弟弟在内的整个大家庭的养家重任，不得不另想他法。1920年8月，他接受北京大学蔡元培校长聘请，兼任北大国文系讲师，每周一小时，讲授"中国小说史"，月薪18元。从那之后，他又陆续接受高等师范学校、世界语学校、女子师范学校甚至黎明高中等校的邀请，频繁奔波于各处，靠积少成多的讲课费来维持高水准的生活。

这其实也是教育部很多同事的共同选择。既然拿不到钱，没多少人愿意为政府义务劳动，因此很多部员都外出兼课。当然，班还是要上的，每天至少要到部里去一次，点个卯，然后再偷偷开溜。鲁迅后来曾向郁达夫描述他亦官亦教的生活道："忙倒也不忙，但是同唱戏的一样，每天总得到处去扮一扮。上讲台的时候，就得扮教授，到教育部去，又非得扮官不可。"

在大学兼职讲课的时候，鲁迅开始经常公开讽刺官员的做派。

夏丏尊1937年说：

> 他对于官吏似乎特别憎恶，常模拟官场的习气，引

人发笑。现在大家知道的"今天天气……哈哈"一类的模拟谐谑,那时从他门头已常听到。他在学校里是一个幽默者。

这种半官半学的生活持续了五年多。到了 1925 年,有几个因素促使鲁迅决定告别公务员生涯。一个是这一年,一名叫许广平的女学生闯入了他的生活。由于他的结发妻子和老母亲都生活在北京,这一著名的师生恋在当时并不为主流舆论所接受,要想继续这份感情,他需要离开北京。

另一个是正好在这一年,因为文学创作已经文名大著的鲁迅经好友林语堂介绍,收到当时创办不久的厦门大学抛出的橄榄枝。厦门大学邀请他担任研究教授,开出的条件相当优厚,月薪 400 元。

因此 1925 年底,鲁迅决定离开北京。作为告别官场的第一步,鲁迅开始积极讨薪。因为工资遭到长年拖欠,教育部门的公务员已经组织了多次"索薪"斗争,不过鲁迅以前态度并不积极。1920 年教育部第一次组织"索薪团",到财政部静坐抗议,但查鲁迅日记未见记载。陈明远说,直到 1926 年初,决心离开公务员队伍的鲁迅才开始积极参与。[1] 1926 年 1 月,鲁迅、陈启修代表女师大,与各校代表同赴国务院索薪,并且有所收获。1926 年 2 月 12 日,鲁迅日记记载"夜收教育部奉泉

---

1 陈明远:《鲁迅时代何以为生》,陕西人民出版社,2013 年,第 27 页。

二百三十一元，十三年一月分"。"十三年"指民国十三年，即1924年，这笔薪水已经拖欠两年多。但是，因为北洋政府财政极度紧张，索薪活动并没有取得完全胜利。1926年7月21日，鲁迅公开发表《记"发薪"》一文，将政府内幕公布于众，控诉北洋军阀政府积欠他应得薪水共两年半，9240元。然而这一曝光行动没有什么效果，据钱稻孙回忆，教育部所欠的薪金后来都没有还清，只用一张八行书写了张欠条就算完事了。

1926年8月26日，鲁迅在收到厦门大学提供的差旅费100元和月薪400元后离开北京，结束了十多年的公务员生活。[1]

第三篇　鲁迅与书商

一

在开始真正的文学创作的时候，鲁迅的动机其实与钱无关。

成为公务员后，鲁迅本来已经放弃了文学梦想。做官之余，他像一般晚清民国的士大夫一样抄抄古碑，校校古文，玩玩古镜。[2] 文学创作并不在他的生活规划当中。

改变他生活的是《新青年》的编辑钱玄同。在胡适发表《文学改良刍议》掀起文学革命之后，《新青年》杂志决定从

---

[1] 陈明远：《鲁迅时代何以为生》，陕西人民出版社，2013年，第29页。
[2] 这一是出于文人积习，二则多多少少与他管辖的公共美术业务有些关系。

1918年起全部刊登白话文,但是有能力写出清通可喜的白话稿件的人不多。钱玄同与鲁迅兄弟是旧相识,知道他们擅长于文字,便"竭力怂恿他们给《新青年》写文章"。

周作人很快交出了稿子,但是鲁迅却迟迟不愿意动笔,人到中年的他对文学救国已经不再有什么信心。钱氏只好常常到绍兴会馆去催促,经过一番著名的关于铁屋中人应该不应该被唤醒的辩论之后,鲁迅终于写出了他的第一篇白话小说《狂人日记》。

如果仕途顺利,如果没有钱玄同的大力怂恿,也许鲁迅不会出现在现代作家行列。

《狂人日记》发表后,鲁迅一举成名。成功激励他文思泉涌,1918年至1921年,三年多的时间,鲁迅在《新青年》共发表作品五十四篇,其中小说五篇,新诗六首,杂文二十九篇。此外还有通讯、译文等多篇。鲁迅由此成为新文学运动的一员著名"闯将"。

不过,虽然发表了这么多文章,鲁迅却没有收到一分钱的稿费。因为当时的《新青年》杂志是一个精英们的同人刊物,公开宣布不计稿酬。1918年,《新青年》曾登载了如下启事:"此后有以大作见赐者,概不酬赀。"[1]

因此鲁迅开始真正的文学创作时是没有任何经济目的的。事实上,在他的经验当中,写作是赚不到钱的。早在1907年,

---

[1] 汪耀华:《新青年广告研究》,上海书店出版社,2016年,第153页。

也就是立志以文学救国后不久,在日本留学的二十七岁的鲁迅与弟弟周作人曾经计划创办一个文艺杂志,主要刊登翻译作品,起名《新生》,目的既为"推广文艺",也希望能有经济收益。结果还未开印,"最先就隐去了若干担当文字的人,接着又逃走了资本,结果只剩下不名一钱的三个人"。鲁迅兄弟俩为杂志费心准备的翻译稿也就没有用上。

杂志没有办成,周氏兄弟又开动脑筋,想把这些翻译稿编成《域外小说集》出版。绍兴同乡蒋抑卮慷慨赞助了150元印刷费,在日本印刷。第一册印了1000册,第二册印了500册。虽然鲁迅兄弟自撰广告语大力营销,然而知音很少。据鲁迅说,在东京只卖出去各20册,在上海寄售的数量也差不多。剩下的只能堆在寄售处,过了几年,因为火灾全被烧光了。多年以后,鲁迅曾与黄源谈起这件事时说:"我有个开银行的朋友,我在东京时要印《域外小说集》,他给我垫了一百五十元,我至今也没有还他。"[1]

除了办杂志之外,鲁迅也写过一些文艺评论方面的文章,虽然如他自己所说,为了多赚稿费,刻意写得很长,但最终也没有赚得几元收入。[2]

因此,鲁迅早年的文学活动,基本都是不赚钱甚至赔钱

---

[1] 黄源:《黄源回忆录》,浙江人民出版社,2001年,第67页。
[2] 鲁迅说,他的《坟》中的几篇作品,"那是寄给《河南》的稿子,因为那编辑先生有一种怪脾气,文章要长,愈长,稿费便愈多。所以如《摩罗诗力说》那样,简直是生凑。"

的。1918年，在绍兴会馆灯下埋头创作的时候，鲁迅并没有想到钱。他是一个薪俸很高的官员，生活无忧，本不需要赚几元稿费来补贴生活。后来教育部欠薪，生活来源出现问题，他也没有想到卖文，而是通过到学校兼职教课来赚钱。写作目的单纯，是他早期文学创作水准极高的一个重要原因。

二

直到1923年《呐喊》出版，鲁迅才第一次认识到，通过写作能够养活自己。

《呐喊》的出版，一开始是一个极不起眼的偶然事件。1923年初，鲁迅将自己的14篇小说结集，连同200元出版费一起交付给出版商李小峰。这一举动说明，他是准备自费出版这些小说，自娱自乐一下。这是传统时代官员士大夫的惯常做法。中国古人的诗文作品，基本都是自费出版，在朋友圈中发行，鲁迅祖父的诗集就是这样出版的。

但谁也没有想到的是，李小峰在1923年8月把《呐喊》尝试着投放到书店后，居然销量喜人，当年12月即获再版。1924年5月，北新书局又第三次开印，印数为4000册，这在当时已经是很惊人的销量。[1]

李小峰敏锐地发现鲁迅原来是一棵摇钱树。李小峰除了退

---

[1] 韩晗:《论作为畅销书作家的鲁迅——以〈呐喊〉的出版为中心》，《鲁迅研究月刊》2016年第4期。

还给鲁迅200元自费出书的费用之外,还给鲁迅支付了一笔可观的版税,然后以畅销书的模式对这本书进行营销。[1]

营销方式之一是请人撰写"软文",进行饥饿营销。比如,鲁迅的好友孙伏园就曾化名"曾秋士"写了一篇"软文",名为《关于鲁迅先生》,文中宣称鲁迅因故(没说什么缘故)不许《呐喊》一书再版,因此读者可能无缘再读到此书,欲购只能从速了。"鲁迅先生……对于《呐喊》再版迟迟不予准许。……《呐喊》的再版闻已付印,三版大概是绝无希望的了。"[2] 这种营销技巧有效地刺激了当时还非常单纯的读者群的购买欲望。

在李小峰的运作下,《呐喊》很快成为当时的著名畅销书,据保守估计,到1939年,《呐喊》已经印行24版,单行本总印数逾10万册。这在今天看起来也许比较平常,但是在中国出版产业刚刚兴起的年代,已经是非常惊人的数字。[3]

作为小说家的鲁迅由此获得了丰厚的版税收入。北新书局也因为经营鲁迅的作品而声名鹊起,成为国内知名文学出版社之一。鲁迅这才发现,自己的这支笔原来是可以换钱的。

---

[1] 韩晗:《论作为畅销书作家的鲁迅——〈呐喊〉的出版为中心》,《鲁迅研究月刊》2016年第4期。
[2] 中国社会科学院文学研究所鲁迅研究室编:《1913—1983鲁迅研究学术论著资料汇编》(第一卷),中国文联出版公司,1985年,第44页。
[3] 韩晗:《论作为畅销书作家的鲁迅——以〈呐喊〉的出版为中心》,《鲁迅研究月刊》2016年第4期。

三

作品的日益畅销带来的不只是版税收入的增长,还有社会声誉的迅速提高。这才有了厦门大学的邀请,有了鲁迅的辞职。

这是鲁迅职业身份的第一次转换,是从公务员转变为大学教授,但是这次转变并不算成功。大学并不是象牙塔,他在厦门大学只待了不到半年,就陷入人际纠纷当中,与顾颉刚等人明争暗斗得不亦乐乎。不久之后,他又跳槽到位于广州的中山大学,中山大学不但给出更高的薪水和更重要的位置,还可以任命许广平为鲁迅的助教,但是他在中山大学也没有待多久。广州发生了"四一五"大屠杀后,鲁迅同国民党在政治上产生分歧,兼以再一次陷入人事纷争,遂于1927年4月离开中山大学[1],前往上海。

到了上海之后,鲁迅决定不再从政或教书。在教育部、厦门大学和中山大学的不愉快经历,让他决心不再与官员、学者们相周旋,而是专心写作,用自己的这支笔来养活自己。他说,"政、教两界,我想不涉足,因为实在外行,莫名其妙",只"想关起门来,专事译著"。他对许广平说:"这些好地方(指教授职位),还是请他们绅士去占有罢,咱们还是漂流几时的好。"[2]

---

[1] 不过在搬出了中山大学之后,鲁迅依然收下学校送来的5月的薪水。他在给章廷谦的信里说:"中大送五月的薪水来,其中自然含有一点意思。但鲁迅已经'不好',则收固不好,不收亦岂能好?我于是不发脾气,松松爽爽收下了。"

[2] 鲁迅:《鲁迅全集·编年版》(第6卷)(1929—1932),人民文学出版社,2014年,第172页。

之所以能做出如此潇洒的决定，自然与经济基础有关。到达上海之后，北新书局提供的鲁迅著作的版税和《奔流》杂志的编辑费，每月固定收入在 200 元以上。除此之外，到了上海之后不久，他又获得一笔名为"特约撰述员"的特殊收入，每月 300 元（这笔收入从何而来，后文有详细解释）。这是他能完成身份的第二次转变，从教授转变为一个自由写作者的重要保障。

有人总结说：

> 世人皆知，鲁迅的骨头是最硬的。殊不知离开了独立的经济来源（稿酬）的鲁迅，骨头还能硬多久？鲁迅个性的张扬，不屈不挠的硬骨头气质与他坚韧的性格密切相关，但自然也离不开我国近代商品经济的发展与稿费制度的建立这一特定的社会经济形态。[1]

四

为了留住鲁迅这棵摇钱树，李小峰给鲁迅的版税一开始是 20%，后来又涨到 25%，这在国内出版界是非常罕见的。当时其他书店，比如商务印书馆和中华书局，最高版税不过是 12%~15%。

---

[1] 程万军：《中国知识分子的死结》，《今朝》2005 年第 4 期。

鲁迅从此将北新书局当作自己的"御用出版社",他说:"我以为我与北新,并非'势利之交'……情不可却外,我决不将创作给与别人……"[1]鲁迅一生一共有 39 种著述由北新书局出版或发行。据学者陈树萍统计,北新书局翻版次数最多的 14 种新文学著作中,鲁迅就占了 6 种。

版税虽然高,合作虽然密切,但是鲁迅仍然遇到了一个今天作家经常遇到的问题,那就是隐瞒印数与拖欠版税。

鲁迅与北新书局的老板李小峰个人关系本来极好,过从极密,但是因为版税问题也曾经撕破过脸。1929 年,鲁迅通过各种渠道,得知北新书局有隐瞒印数的行为,加上版税又经常拖欠,眼里揉不得沙子的他决定"亲兄弟明算账",毅然聘请律师,向北新书局提起了版税诉讼。后来经郁达夫调解,双方同意和解,李小峰将积欠两万余元分十个月归还,新欠则每月还款四百元,双方遂和好如初。

这次冲突的结果,导致鲁迅与北新书局的合作中使用了一种新模式:"印花票"模式。

在这次事件后不久,鲁迅在日记中记载:"得……铅字二十粒。"这是指印花票上用字。印花票是一张约常规邮票大小的宣纸,上面除了钤有作者的名印外,还要印上一个代表这本书

---

[1] 鲁迅对李小峰印象极好。1927 年,鲁迅在致友人的信中,曾这样谈起李小峰:"小峰却还有点傻气。前两三年,别家不肯出版的书,我一介绍,他便付印,这事我至今记得的。……我仍不能不感激小峰的情面。"可见李小峰对鲁迅的尊重与重视。鲁迅日记中记载,李小峰亲自或派人拜访过鲁迅 123 次,鲁迅则访李小峰 80 次,双方书信往来 480 封,同桌聚餐 34 次。

的字，例如《呐喊》就印一个"呐"字，这里的"铅字二十粒"就是准备印在印花上的二十种著作的简称。[1]

也就是说，北新书局以后出版鲁迅的著作，只有贴上鲁迅亲自盖印的"印书证"，或者叫作"印花票"才能上市销售。通过这种方式，鲁迅可以确切地掌握自己的书到底卖了多少本，以防出版商少付版税。

这一做法虽然保护了自己的权益，但是也要鲁迅付出一定的代价，那就是时间成本。因为制作印花票是很烦琐累人的，每张都要作者亲自盖印。从今天保留下来的《呐喊》版本上看，鲁迅的印花票上，钤印端正工整，每一个盖得都很用心。有人曾经测试过，按照这样的钤印质量，大约盖一枚印花票章的时间需要一至两秒钟[2]。如果加上休息时间，正常情况下半天时间不过能盖五千张左右。

韩晗在《论作为畅销书作家的鲁迅——以〈呐喊〉的出版为中心》一文中说，查20世纪30年代鲁迅致李小峰的信，"印花"一词随处可见，动辄就是几千张。譬如，"印花据来函所开数目，共需九千，顷已一并备齐，希于便中倩人带收条来取为荷"（1932年4月13日）；"印鉴九千，亦即托其（按：即费慎祥）持归，想已察入"（1932年10月20日）；"今将印花送上，共八千个"（1933年3月15日）；"印花三千，顷已用密斯王名

---

[1] 王锡荣：《鲁迅与北新书局的版税之争》，《上海鲁迅研究》2014年第4期。
[2] 韩晗：《论作为畅销书作家的鲁迅——以〈呐喊〉的出版为中心》，《鲁迅研究月刊》2016年第4期。

义,挂号寄出"(1934年7月31日),等等。

我们可以想象鲁迅和许广平在书房里一张一张机械地盖印的情形。"把别人喝咖啡的工夫都用在工作上"的鲁迅,愿意拿出这么多的时间来做这样的事,可见鲁迅对作家权益的重视程度。[1]

五

鲁迅和同时代文人身上有一个显著不同,是他身上没有旧式文人的清高,谈钱的时候总是大大方方。

1923年,他在北京女子高等师范学校讲演时说:"钱这个字很难听,或者要被高尚的君子们所非笑,但我总觉得人们的议论是不但昨天和今天,即使饭前和饭后,也往往有些差别。凡承认饭需钱买,而以说钱为卑鄙者,倘能按一按他的胃,那里面怕总还有鱼肉没有消化完,须得饿他一天之后,再来听他发议论。所以为娜拉计,钱——高雅的说罢,就是经济,是最要紧的了。自由固不是钱所能买到的,但能够为钱而卖掉。"

鲁迅对金钱的这种深刻认识,与他自己的早年经历有关。

鲁迅在文章中多次提到自己家族的破落,"从小康人家而坠入了困顿"。鲁迅自己说:"听人说,在我幼小的时候,家里还有四五十亩水田,并不很愁生计。但到我十三岁时,我家忽而遭了一场很大的变故,几乎什么也没有了;我寄住在一个亲

---

[1] 韩晗:《论作为畅销书作家的鲁迅——以〈呐喊〉的出版为中心》,《鲁迅研究月刊》2016年第4期。

戚家，有时还被称为乞食者。"[1]

应该说，鲁迅这段叙述有所夸张。因为祖父周介孚的"科场行贿案"以及父亲的重病，家里确实出卖了田产，但是只卖了一半，并非"几乎什么也没有了"。周作人在《鲁迅的青年时代：药店与当铺》一文中说，在父亲重病期间，家中还有水田二十多亩，不过租谷仅够一年吃食费用。

陈明远说："周氏寡母鲁瑞和三兄弟一家人，在1896年以后，至少到1901年，仍保有一部分田产，每年可收租谷35袋至45袋（约3500斤至4500斤），以维持全家生活。由此可见，周家里虽然日渐败落，但尚未完全破产。"[2]

不过，这场巨大变故对鲁迅的心理冲击确实是非常严重的。幼小的他确实曾一度寄住在亲戚家里，被人暗地里称为"乞食者"。回到自己家之后，作为长子，他不得不经常出入当铺当中，"几乎是每天，出入于质铺和药店里……在侮蔑里接了钱，再到一样高的柜台上给我久病的父亲去买药"。在遭人白眼的同时，也明白了许多人情世故。他后来对萧军说："我其实是'破落户子弟'，不过我很感谢我父亲的穷下来（他不会赚钱），使我因此明白了许多事情。"其中的一个重要事情，就是认识到了钱的重要性。

确实，钱能决定人的前途和命运。因为没钱上学，鲁迅不能走当时一般读书人家子弟所走的"正路"，只好选择了南京江

---

1 鲁迅：《俄文译本〈阿Q正传〉序及著者自序传略》，载《集外集》。
2 陈明远：《鲁迅时代何以为生》，陕西人民出版社，2013年，第10页。

南水师学堂。除了因为他有一位本家叔祖,在那里当"管轮堂"监督(轮机科舍监),更因为这里学费、膳费全免,每年还有二两银子左右的津贴。

江南水师学堂是维新派所办的洋务学堂,在今天看来当然是进步的事业,在当时却是被人看不起的。鲁迅说他母亲因此感觉对不起他,"说是由我的自便;然而伊哭了,这正是情理中的事,因为那时读书应试是正路,所谓学洋务,社会上便以为是一种走投无路的人,只得将灵魂卖给鬼子,要加倍的奚落而且排斥的"。

鲁迅于1909年夏天由日本回国,主要原因是家庭的经济负担很重。鲁迅对许寿裳说:"因为起孟(周作人)将结婚,从此费用增多,我不能不去谋事,庶几有所资助。"后来鲁迅在《自传》中说:"终于,因为我的母亲和几个别的人很希望我有经济上的帮助,我便回到中国来。"

成为公务员之前,鲁迅一直在为"钱"这个字所苦。因此,鲁迅一生都对收入特别重视。收入是他做很多事的重要动机,为了增加收入不惜辛苦。

六

不过,道高一尺,魔高一丈。即使鲁迅花费巨大的心力来保护自己的权益,出版商仍然有很多空子可钻。

方法之一是在鲁迅看得到的地方贴印花,看不到的地方就不贴。"在上海出版的鲁迅著作后来是领印花去贴,在外地就简直不贴印花。"当时北新书局在汉口、广州、北京、南京等地都有代售点,而鲁迅只在上海生活,极少外出。所以北新书局就只在上海发行的《呐喊》等著作上贴印花票,以防鲁迅亲自到书店检查,但销往其他地方的书却不贴印花票,这些本该属于鲁迅的版税就通过这种方式被北新书局悄悄侵吞了。所以今天古籍拍卖市场出现两种《呐喊》版本,一种有印花票,另一种则没有,甚至在同一版次中,也分为"有印本"和"无印本"两类。[1]

鲁迅对此当然非常愤怒,翻开鲁迅与朋友们这一阶段的通信,对出版商的抱怨与咒骂处处都是:"上海秽区,千奇百怪,译者作者,往往为书贾所诳,除非你也是流氓。""上海真是流氓世界,我的收入,几乎被不知道什么人的选本和翻板剥削完了。""我的版税被拖欠得很利害。""我就从来没有收清过版税。"[2]

经历过与书商们斗智斗勇的痛苦,再加上推广左翼文学的迫切需要,鲁迅决定索性主动进入图书出版领域,变身出版商。在上海的十年间,鲁迅先后创办了朝华社、三闲书屋、野草书

---

[1] 韩晗:《论作为畅销书作家的鲁迅——以〈呐喊〉的出版为中心》,《鲁迅研究月刊》2016年第4期。
[2] 那个时代被书商蒙骗、欺弄的畅销书作家显然不止鲁迅一人,郭沫若也曾撰文发牢骚云:"国内的出版家中,有一些不良之徒,竟直可以称之为'文化强盗',他们榨取作家的血汗,读者的金钱……在最近的几年间,我是一个铜板的版税都没有进过的……"

屋、铁木艺术社、版画丛刊会、诸夏怀霜社等出版社。他亲自策划图书,亲自设计封面,亲自起草广告,亲自跑印刷所,从出版产业链的终端游到产业链的中部,把出版权掌握在自己手里[1]。凭借自己过人的经营天赋,鲁迅在短短几年内就掌握了畅销书的营销技巧,学会运用饥饿营销给读者制造适度的心理紧张感、高效地运用广告来促进销量等操作手段。因此他策划出版的书,不管是自己的还是别人的作品,销量大都比较好,对作者权益的保证也更加到位。

第四篇　鲁迅在上海的收入与生活

一

鲁迅离开北京,一定程度上是一次逃离或者说"私奔"。他与许广平的师生恋,今天当然是一段佳话,但是在当时,却遭受着重重非议。因此直到中山大学时期,鲁迅和许广平已经同居一楼,还是没敢公开住在一起。

计划前往上海之时,许广平心中充满开辟新生活的兴奋。因为上海是一个风气自由的地方,到了那里她终于可以和鲁迅正式公开同居。

对鲁迅来说,上海更是一个海阔天空之地。他可以摆脱一

---

[1] 韩晗:《论作为畅销书作家的鲁迅——以〈呐喊〉的出版为中心》,《鲁迅研究月刊》2016年第4期。

切体制束缚,龙归大海,下笔不必有任何顾忌。

但是与此同时,鲁迅和许广平的心头也笼罩着一层淡淡的隐忧。自由总是有代价的,逃离体制的束缚,也意味着放弃了体制的保护。时局如同大海一样动荡,未来充满了不确定性。上海又是特大都市,生活费用很高。

因此鲁迅和许广平来到上海后,分工明确:鲁迅专门"爬格子",赚钱养家,而许广平则成为"职业主妇",在家悉心照顾鲁迅的生活,全力支持鲁迅的创作。

自感挚妇将雏压力巨大的鲁迅,创作非常辛苦。萧红在《回忆鲁迅先生》中说:

> 鲁迅先生的休息,不听留声机,不出去散步,也不倒在床上睡觉,鲁迅先生自己说:"坐在椅子上翻一翻书就是休息了。"
>
> ……客人一走,已经是下半夜了,本来已经是睡觉的时候了,可是鲁迅先生正要开始工作。
>
> ……许先生说鸡鸣的时候,鲁迅先生还是坐着,街上的汽车嘟嘟地叫起来了,鲁迅先生还是坐着。
>
> ……人家都起来了,鲁迅先生才睡下。

而许广平也恪尽自己的职责。她亲自下厨,烹制可口的菜肴。"一般是三样菜,荤素汤兼具,保证了鲁迅膳食的合理营养。"鲁迅有通宵工作的习惯,许广平总是清晨六点起床,为鲁迅泡茶。[1]

萧红回忆说：

> 许先生从早晨忙到晚上，在楼下陪客人，一边还手里打着毛线。不然就是一边谈着话一边站起来用手摘掉花盆里花上已干枯了的叶子。
>
> ……来了客人还到街上去买鱼或买鸡，买回来还要到厨房里去工作。
>
> ……许先生是忙的，许先生的笑是愉快的，但是头发有一些是白了的。

在许广平的精心照顾下，鲁迅在上海九年期间非常高产。1935年底，鲁迅在总结自己18年的创作情况时说："后九年中的所写，比前九年多两倍；而这九年中，近三年所写的字数，等于前六年。"

二

王朔曾经说过，鲁迅没有长篇，怎么说都是个遗憾，也许不是他个人的损失，而是中华民族的损失。

---

[1] 除了照顾鲁迅的生活，在工作上，许广平也是鲁迅的"助理"。她在家里帮鲁迅抄稿和核对，替鲁迅查找资料，还要外出购买图书。"有时为了买到一本难找的书，她甚至逛遍大大小小的书摊。"

也有人说，鲁迅之所以没能获诺贝尔奖，就是因为他没有长篇。

是鲁迅缺乏写作长篇的能力和才华吗？也许不是。因为鲁迅根本没有尝试过写长篇。

鲁迅不写长篇，与时代环境有关。在鲁迅的时代，文学期刊远比今天的《收获》《当代》等刊物薄，能容纳的字数有限，因此大都以刊登短篇为主。比如，1920年沈雁冰准备改革《小说月报》时，就刊出广告："惟以短篇为限，长篇不收。""惟小说只收短篇，过一万字之长篇，请勿见惠。"请注意，那时超过一万字，就算"长篇"了。事实上，当时除了在报纸上连载的以通俗小说为主的所谓"鸳鸯蝴蝶派"作家，大部分严肃文学作家的创作都以短篇为主。[1]

在鲁迅的创作生涯中，有过一次明显的文体转型，那就是从早年的小说创作转向晚年的杂文写作。对于这次文体转型，有人的解读是鲁迅晚年创造力衰竭，已经无法再写出一流的小说和散文。其实如果放宽视野，我们就会发现，这种转型不仅与鲁迅的年龄有关，也与环境有关。

一是当时的中国处于剧烈变动当中，特别是20世纪30年代，政治氛围高涨，知识分子积极争夺话语权，发言讲求时效，在没有微博、微信等自媒体的时代，他们只能参与以报刊短文为主要形式的文字斗争。

---

[1] 陈明香：《鲁迅与现代稿酬制》，华中师范大学硕士学位论文，2010年。

二是在鲁迅晚年，也就是20世纪30年代初，世界经济疲软不振，上海经济也连年萧条，一般书店出版社都争相出版销量大、周转周期短的刊物，而不愿意出版单行本。1934年和1935年更被称作"杂志年"，翻译和创作的小说都难以出版。[1]

在这种情形下，鲁迅为了生存，便调整了自己的创作方向，由原来的小说创作转为杂文创作。

鲁迅杂文创作的最高峰，出现在1933年1月到1934年9月。在这一年多的时间里，鲁迅一共用了40多个笔名，在《申报·自由谈》上发表了130多篇杂文。"最多时鲁迅一个月在《自由谈》上发表杂文15篇，平均两天一篇。"[2]

为什么鲁迅这段时间如此高产，而且集中在一家报纸上发表呢？[3]

一个重要原因是《自由谈》的稿酬高，给鲁迅的稿酬标准是每千字10元（他的作品字数包括标点符号、洋文、空行。

---

[1] 陈明香：《鲁迅与现代稿酬制》，华中师范大学硕士学位论文，2010年。
[2] "《申报·自由谈》是鲁迅写作生涯中除他自己及其朋友、学生等主编的《莽原》《语丝》《未名》半月刊、《萌芽》半月刊等之外发表文章最多的报刊，而这不到两年的时间也是鲁迅杂文创作辉煌的高峰期。"后来这些文章辑成了《伪自由书》《准风月谈》和《花边文学》三个集子。（李春雨：《〈申报·自由谈〉与鲁迅杂文意识的成熟》）
[3] 当时黎烈文主编《自由谈》，他锐意革新，立志将《自由谈》改革为新文学阵地。"但他才从法国回来，人地生疏，怕一时集不起稿子"，因此委托郁达夫先生向鲁迅先生约稿，鲁迅答应了。"鲁迅把大量思想深刻、充满战斗性的杂文源源不断地寄往《自由谈》。在这个过程中，鲁迅与黎烈文建立了深厚的战斗友谊。""鲁迅在《自由谈》上发表的大量的抨击社会黑暗的富于战斗性的杂文，产生了巨大的社会影响，也引起了国民党反动派的忌恨。"（孔见、景白：《鲁迅与〈申报〉副刊〈自由谈〉》）

他为标点、空格争取稿费的事情已成佳话）。这远远高于其他杂志。[1]

当时一般杂志的稿费标准是千字几角到5元。沈从文在致金介甫的信中说，1924年他作品每千字7角，《现代评论》时期才升至3元。鲁迅在1934年底写的《病后杂谈》中也提道："近来的文稿又不值钱，每千字最低的只有四五角，因为是学陶渊明的雅人的稿子，现在算他每千字三大元吧。"当时，《动向》杂志给鲁迅的稿酬是每千字4元左右；《读书生活》3元5角；《现代》每千字4元至5元；《文学》每千字4元左右。《自由谈》将鲁迅的稿酬标准一下子提高了差不多三倍，也充分激发起鲁迅的写作潜能，形成一段时间内的"超高产"。因此，鲁迅晚年杂文的产生有"为革命谋"的因素，但也有实实在在的"卖文为生"的经济算盘。[2]

因此鲁迅的这支笔，不只是投枪和匕首，也是一棵摇钱树。据陈明远统计，1927年秋至1936年，鲁迅在上海期间的总收入为70142.45元，月平均674元[3]。减去大学院特约撰述员津贴14700元，月均卖文收入510元。

三

---

[1] 参考鲁迅日记，1933年至1934年两年他从《自由谈》得到的稿酬大约825元8角。
[2] 颜琳、黎保荣：《鲁迅〈自由谈〉稿费考证》，《鲁迅研究月刊》2010年第3期。
[3] 陈明远：《鲁迅一生挣多少钱》，《文汇报》1999年12月7日。

因为收入很高，所以鲁迅在上海时期的生活条件是相当好的。

鲁迅在上海一直是租房而居，租的都是大面积的洋房。"据许广平回忆，鲁迅在住房方面是不愿意节俭的。'我们初到上海，不过两个人，平常租一层楼就够用了，而他却要独幢的三层楼，宁可让它空出些地方来，比较舒服。'他先后在共和旅馆、景云里寓所、北川公寓、大陆新村等地租房，当时上海的房租是很昂贵的，好的房子更是天价。"确实，鲁迅所租的都是条件很好的房子。比如大陆新村九号，就是一幢水、电、气齐备的三层楼的阔大建筑，堪称"豪宅"，这样的房子在20世纪30年代的上海并不太多。

鲁迅在买书上更是花钱如流水。有人做过统计，1928年至1935年，鲁迅购书支出8671.5元，月均约90.328元。1930年，购书额更是达2400.45元，平均每月超过200元。[1]手笔之大是普通人绝难望其项背的。

在上海期间，鲁迅经常带一家人去看电影。为安全和方便起见，鲁迅看电影一般坐汽车来回，而且除非人满了，他总是坐最贵的座位："花楼"第一排。鲁迅说，看电影就是要高高兴兴，不是去寻不痛快的，如果坐到看不清楚的角落里，倒不如不去。当时一些书店的老板常常议论说："鲁迅真阔气，出入汽车，时常看电影。"许广平也说："如果作为挥霍或浪费的话，

---

[1] 李肆：《鲁迅在上海的收支与日常生活——兼论职业作家市民化》，《书屋》2001年第5期。

鲁迅先生一生最奢华的生活怕是坐汽车、看电影。"[1]

在请客吃饭上,鲁迅同样非常讲究,宁缺毋滥。他在给萧军、萧红的信中曾经说:"要请,就要吃得好,否则,不如不请。"[2]鲁迅宴客总是去知名饭店,比如知味观、梁园、东亚、鸿运楼、桥香、聚丰园等,花费自然不小。有时候,鲁迅家宴也要从大饭店请名厨。比如,1934年3月25日,鲁迅为美国人伊赛克饯行,请的是知味观的厨师"来寓治馔";1934年12月30日,鲁迅请内山、廉田等日本朋友吃饭,请的则是梁园豫菜馆的厨师"来寓治馔"。

鲁迅辞世不久,苏雪林在《与蔡孑民先生论鲁迅书》中,大肆讨伐鲁迅,称"当上海书业景气时代,鲁迅个人版税,年达万元","治病则谒日医,疗养则赴镰仓"。这话倒并非毫无根据。查1932年3月26日鲁迅日记中说,海婴感冒,鲁迅邀石井学士赴寓诊,诊金高达10元。[3]

鲁迅在上海时期的生活水平,从他所购置的日用品中也可见一斑。1934年7月14日,他"买电风扇一具,四十二元";1935年5月9日,他"为海婴买留声机一具,二十二元"。而在当时,电风扇、留声机并非大众化的日用品。鲁迅为五岁半

---

[1] 许广平:《鲁迅先生的娱乐》,《1913—1983鲁迅研究学术论著汇编》(第2卷),中国文联出版公司,1987年,第1216—1220页。
[2] 鲁迅:《鲁迅全集》(第13卷),人民文学出版社,1981年,第52页。
[3] 李肆:《鲁迅在上海的收支与日常生活——兼论职业作家市民化》,《书屋》2001年第5期。

的海婴买件玩具的花销就可供一个单身汉生活两个多月。[1]

四

但与此同时，鲁迅的生活也有非常节俭的一面。

确实，节俭是鲁迅的本色。艰难的早年生活让鲁迅形成了吃苦的生活习惯。

在南京水师学堂读书时，二十岁左右的他"没有余钱制衣服，以至夹裤过冬，棉袍破旧得可怜，两肩部已经没有一点棉絮了"[2]。因为经常营养不良，影响发育，导致鲁迅体形瘦小，落下了胃病的顽疾。

鲁迅在浙江两级师范学堂任教员时，月薪30元，收入并不低，但他生活很节省。朋友们回忆，一年之中他有半年是穿一件廉价的洋官纱长衫，吸的是廉价的"强盗牌"劣质香烟。在北京为官时，虽然收入更高，但是在寒冷的北方严冬中，鲁迅仍然不穿棉裤。鲁迅曾对朋友说："我岂但不穿棉裤而已，你看我的棉被，也是多少年没有换的老棉花，我不愿意换。你再看我的铺板，我从来不愿意换藤绷或棕绷，我也从来不愿意换厚褥子。生活太安逸了，工作就被生活所累了。"

在上海时期，虽然收入很高，但鲁迅还是在很多方面保持

---

[1] 李肆：《鲁迅在上海的收支与日常生活——兼论职业作家市民化》，《书屋》2001年第5期。

[2] 许寿裳：《亡友鲁迅印象记》，广西师范大学出版社，2010年。

着自己旧的生活习惯。他从未穿过略像"时式"的衣服,平日总是穿普通布制长衫、棉袍,脚踩老式中国布鞋。平日自己一个人外出,经常搭公交或步行,不常叫车。至于吃则更不讲究,虽然喜欢吃点"老酒",但下酒之物不过菜蔬、豆腐干、煮蚕豆、花生之类。虽然烟瘾很大,却长年吸劣质烟,好烟只用来待客。

萧红回忆说:

> 鲁迅先生备有两种纸烟,一种价钱贵的,一种便宜的。便宜的是绿听子的,我不认识那是什么牌子,只记得烟头上带着黄纸的嘴,每五十支的价钱大概是四角到五角,是鲁迅先生自己平日用的。另一种是白听子的,是前门烟,用来招待客人的,白听烟放在鲁迅先生书桌的抽屉里。来客人鲁迅先生下楼,把它带到楼下去,客人走了,又带回楼上来照样放在抽屉里。而绿听子的永远放在书桌上,是鲁迅先生随时吸着的。

鲁迅家中任何杂物,包括一张包装纸,一小截绳子,都不会轻易丢掉,都要物尽其用。萧红回忆说:

> 鲁迅先生包一个纸包也要包得整整齐齐,常常把要寄出的书,鲁迅先生从许先生手里拿过来自己包,许先生本来包得多么好,而鲁迅先生还要亲自动手。……就是包

这书的纸都不是新的,都是从街上买东西回来留下来的。许先生上街回来把买来的东西一打开随手就把包东西的牛皮纸折起来,随手把小细绳卷了一个卷。若小细绳上有一个疙瘩,也要随手把它解开的。准备着随时用随时方便。

在金钱上,鲁迅先生秉持"君子之交淡如水"之旨,总是处理得清清爽爽,从不含糊。鲁迅与日本人须藤先生关系极好,常常相互赠些小礼品。然而1935年1月11日鲁迅日记却记有这样一则:"上午同广平携海婴往须藤医院诊,并以《饮膳正要》卖与须藤先生,得泉一元……"

以鲁迅与须藤关系之好,他居然还会把自己用不上而须藤需要的一本普通书"卖"给须藤,大大方方地收下1元钱。[1]

五

鲁迅在金钱上如此细致,除了生性节俭外,还有一个原因,那就是他到上海时,人已过中年,"挈妇将雏鬓有丝"。虽然版税标准很高,但是他的书常常被禁,收入并不稳定。他

---

[1] 同年7月13日鲁迅日记则记有:"三弟来并为买得《野菜博录》一部,二元七角,又一部拟赠须藤先生。"然而8月25日的日记又说:"晨须藤先生来,赠Melon一个,并还《野菜博录》泉二元七角。"前面既已说"拟赠须藤",为何后来又收了钱?或许鲁迅之慷慨只对比他穷的人,须藤比他富有,于是该收的钱也就收了。(李肆:《鲁迅在上海的收支与日常生活——兼论职业作家市民化》)

曾经慨叹:"上海靠笔墨很难生活,近日禁书至百九十余种之多……杂志编辑也非常小心,轻易不收稿。"因此他常常担心自己有朝一日生活不能维持:"上海……卖文者几乎不能生活。我日下还可敷衍,不过不久恐怕总要受到影响。"

另外,鲁迅健康状况一直很差,知道自己不能长寿,担心自己去世后,家人的生活没有保障。所以鲁迅为了有所余裕,努力储蓄,为了应对突然变故。用鲁迅的话来说,就是"贮一些钱,以备万一"。鲁迅曾对一位朋友说:"在这个时代,人与人的相挤这么凶,每个月的收入应该储蓄一半,以备不虞。"[1]

据周海婴写的《鲁迅与我七十年》一书透露,鲁迅去世前,曾为许广平和他"准备了一笔钱",以供他们今后的生活。至于鲁迅到底留下了多少遗产,价值几何,至今似乎还没有人仔细研究过。

第五篇　鲁迅与中央研究院的"特殊收入"

一

鲁迅决定告别体制束缚,以自由创作为生时,心情是复杂的。一方面他为终于不再需要周旋于官员和教授们中间而感觉快意,另一方面也为失去体制保障而生出一份不安全感。

---

[1] 吴作桥:《再读鲁迅:鲁迅私下谈话录》,时代文艺出版社,2009年,第399页。

如果能在自由写作的同时，获得一份体制内的闲职，拿一份干薪，自然是最好的事。

就在鲁迅计划离开广州前往上海之际，恰好出现了这样一个机会，1927年4月17日，国民党政府提出一个设立中央研究院的方案，"为中华民国最高学术研究机关"，在计划案中，这个机关有点像今天的社会科学院，研究人员地位清要，待遇也很高，不需要去坐班，只需要报上一个研究计划，就可以坐领津贴。

二

要谋到这个职位，一个关键人物是鲁迅的老上司蔡元培。因为蔡元培被任命为中央研究院的筹备委员，实际主掌其事。

蔡元培是鲁迅的恩人。鲁迅最初因为蔡元培的延请进入教育部。他在北京大学的讲席，也是蔡元培聘用的，甚至鲁迅弟弟周作人的工作也是托蔡元培安排的。蔡元培一生对鲁迅种种激赏和呵护有加[1]，以致郭沫若做出这样的总结："影响到鲁迅生活颇深的人应该推数蔡元培吧？这位有名的自由主义者……对于鲁迅始终是刮目相看……尽了没世不渝的友谊。"

因此，按常情鲁迅应该主动联系蔡元培，请求他的帮助。

然而鲁迅并没有这样做。相反，在朋友章廷谦和同乡郑

---

[1] 鲁迅逝世后，蔡元培出面主持追悼事宜；1938年，《鲁迅全集》出版，蔡元培亲撰序言，推崇鲁迅"为新文学开山"。

奠主动帮他去求蔡元培时,鲁迅还给他们泼冷水,说肯定不会成功。

为什么呢?因为这时候鲁迅和蔡元培的关系出现了裂痕。蔡元培不仅呵护鲁迅,也呵护鲁迅的敌人胡适、顾颉刚等人,甚至于对胡、顾等人的赏识更在鲁迅之上,让鲁迅心生猜忌,非常不快。

蔡元培一生重视人才,以提携才俊为己任。鲁迅本质上是一个文学家,虽然也写了一本《中国小说史略》,但是他在学术上的基础不好,成绩也不多。而蔡元培却一直大力倡导"潜心研究与冷眼观察",与胡适、顾颉刚等学者的主张高度趋同,因而同声相应,互动很多。他亲自将留学美国的胡适请回国内,并多方扶助,让他很快在北大站稳脚跟。胡适曾多次说自己的"青年时期如果没有蔡先生的着意提挈……一生也可能就在二三流报刊编辑的生涯中度过"[1]。爱屋及乌,蔡元培对胡适的弟子顾颉刚也很欣赏,对他独辟蹊径的研究评价很高。

然而鲁迅与胡适早年虽然是好友,后来已经形同陌路。至于顾颉刚,更是成了鲁迅的主要攻击对象。他在小说《故事新编》中《铸剑》篇里多次影射顾颉刚,对其"红鼻头"的生理特征和口吃的生理缺陷进行嘲笑。鲁迅之所以离开厦门大学,就是因为顾颉刚的到来。转赴中山大学不久,顾颉刚也受文学院院长傅斯年之邀联翩而至,令鲁迅再一次拂袖而去,由此可

---

[1] 唐德刚:《胡适杂忆》(增订本),华东师范大学出版社,1999年,第60页。

见两人的势不两立、不共戴天。

敌人的朋友就是自己的敌人,他认为蔡元培在胡适、顾颉刚等人的影响之下,肯定已经对自己产生负面看法,因此渐渐与蔡元培拉开了距离,很长时间不再主动与蔡元培联系。1926年,在《无花的蔷薇》一文中,鲁迅甚至对蔡氏公开讽刺:

> 蔡孑民先生一到上海,《晨报》就据国闻社电报郑重地发表他的谈话,而且加以按语,以为"当为历年潜心研究与冷眼观察之结果,大足诏示国人,且为知识阶级所注意也"。我很疑心那是胡适之先生的谈话,国闻社的电码有些错误了。

显然这是批评蔡元培与胡适穿了一条裤子,并且认为他与蔡元培在思想上已是"两股道上跑的车",决定与他分道扬镳了。

所以鲁迅听任朋友去向蔡元培说项,自己却没有给蔡元培写信。1927年6月12日,鲁迅在致章廷谦的信中写道:"我很感谢你和介石向孑公去争,以致此公将必请我们入研究院。然而我有何物可研究呢?古史乎,鼻已'辨'了;文学乎,胡适之已'革命'了。所余者,只有'可恶'而已。可恶之研究,必为孑公所大不乐闻者也。其实,我和此公,气味不投者也。民元以后,他所赏识者,袁希涛、蒋维乔辈;则十六年之顷,其所赏识者,也就可以类推了。"

这里的"介石",指的是鲁迅的绍兴同乡郑奠;"鼻"是被鲁迅视为仇敌的顾颉刚;"孑公"就是蔡元培。袁希涛、蒋维乔都是教育部的老人,也是鲁迅的老上级。如前所述,鲁迅对教育部的上级们大抵都是不以为然的。在信中公开说他与蔡元培两个人"气味不投",表明他一开始就没有对蔡元培寄予分毫希望。他后来在信中还说:"孑公复膺大学院长,饭乃是蒋维乔、袁希涛口中物也。"鲁迅认为蔡元培肯定会把中央研究院的位置留给袁希涛、蒋维乔等自己讨厌的人,而不会是自己,因此不打算上门自讨无趣。

三

鲁迅将希望寄托在蔡元培的政敌身上。

9月19日,准备乘船离开广州的鲁迅在致章廷谦的信中说:"自然先到上海,其次,则拟往南京,不久留的,大约至多两三天,因为要去看看有麟,有一点事。"

虽然信中表白自己到南京并不是"谋饭碗",但是他到上海后,却去拜访了曾任教育总长的易培基,目的正是谋职。

易培基与鲁迅曾同为章太炎弟子,因此是旧相识,时任上海劳动大学校长。在当时文化教育界的权力争夺中,他是蔡元培的敌人,此时正与他的亲家李石曾联手,在向蔡元培在教育学术界的权威地位公开发起挑战。鲁迅看好易培基一派的政治优势，判断蔡元培可能会失势，所以把宝押在易培基一边。[1]

10月25日，鲁迅应易培基的邀请到劳动大学演讲，一开场就谈到了自己与这位国民党要人之间"党同伐异"的亲密关系："这次易先生要我来讲几句话；因为我去年亲见易先生在北京和军阀官僚怎样奋斗，而且我也参与其间，所以他要我来，我是不得不来的。"鲜明地表示了对易培基一派的支持，曲折地表达了对蔡元培的反对。[2]

然而，易培基并没有表现出蔡元培那样的热情，虽然鲁迅初到上海与他过从甚密，但他只是邀请鲁迅给劳动大学每周做一次讲座，除此之外并没有动用自己的资源给鲁迅安排什么合适的职务。鲁迅的判断失误了，他在劳动大学的讲座也只做了两次就停止了，据说是因为专车问题："鲁迅到劳动大学讲课……头一次是用易培基的专车来接的；第二次也来了，但稍为迟了些，令鲁迅好焦急地等待了一番；到第三周，车子干脆不来了，易培基也一直没向鲁迅查问一下为什么不来，鲁迅从此也再没有到劳动大学教书。"[3]

四

就在此时，1927年10月，蔡元培被任命为国民党政府的

---

1 陈明远：《鲁迅时代何以为生》，陕西人民出版社，2013年，第50页。
2 陈明远：《鲁迅时代何以为生》，陕西人民出版社，2013年，第50页。
3 许广平：《许广平文集》（第一卷），江苏文艺出版社，1998年，第568页。

大学院院长（相当于教育部部长），对大学院的职务有决定权。在大学院任蔡元培秘书的老友许寿裳来信告诉鲁迅，表示蔡元培有意为鲁迅和另一个名为江绍原的学者安排"大学院特约撰述员"的职位。

收到这封信，鲁迅有点半信半疑。他不敢相信蔡元培有如此雅量，不念旧恶。他判断，这也许是蔡元培敷衍许寿裳的话，决定先看看再说。

果然，接到这封信后，鲁迅等了十来天，没有收到后继消息，他在致朋友的信中说："季茀所谈事迄今无后文，但即有后文，我亦不想去吃，我对于该方面的感觉，只觉得气闷之至，不可耐。"气愤地表示不想去吃这碗饭。

又等了七天，鲁迅还是没有接到消息，他在给朋友的信中发牢骚说："季茀本云南京将聘绍原，而迄今无续来消息，岂蔡公此说所以敷衍季茀者欤，但其实即来聘，亦无聊。"指斥蔡元培用假话敷衍人，并且说，即使蔡元培真的聘请他，其实也没什么太大意思，"无聊"。

又等了一个月之后，还是没有结果，鲁迅已经非常愤怒。他在给朋友的信中这样评论蔡元培："太史之类，不过傀儡，其实是不在话下的。他们的话听了与否，不成问题，我以为该太史在中国无可为。"蔡元培在清末曾做过翰林，所以鲁迅称他为"太史"。鲁迅在信中不但称蔡元培为"傀儡"，还判断属于蔡元培的时代已经过去，认为他在中国已经不会再有作为。

当然，嘲骂和不屑并不妨碍鲁迅死马当作活马医，他决定还是主动尝试一下，成与不成要有一个结果，以免心中总是放不下。他深知是自己在报上公开嘲讽蔡元培，并中止与蔡元培联系，才造成了两个人间的裂痕。如果想要弥补裂痕，必须由自己采取主动。

已经很久不与蔡元培通信的鲁迅，借为昔日的学生荆有麟写推荐信的由头，给蔡元培写了一封信，语气极为恭敬，虽然没有直接提到自己的工作，但却巧妙地表达了自己重修旧好之意。信虽然发出去了，鲁迅其实并没有寄予多大的希望。

然而事实证明鲁迅不够了解蔡元培。以海纳百川、兼容并包而闻名的蔡元培固然欣赏胡适与顾颉刚等人，但并没有因此而看低鲁迅。他对鲁迅文学才华的欣赏一如既往。当然，鲁迅刻意与他保持距离，令他感觉不太舒服。现在，鲁迅一旦有所表示，他马上就伸出了救援之手。收到鲁迅来信后没几天，1927年12月18日，蔡元培就派人给鲁迅送来"大学院聘书并本月份薪水泉三百"，聘任他为中华民国大学院特约撰述员，每月不用上班就可以拿到300元干薪。

蔡元培之所以帮助鲁迅，当然是出自公心，想为这个有才华的老乡提供一点自由创作的保障。他曾在《我在教育界的经验》中说过："大学院时代，设特约著（撰）述员，聘国内在学术上有贡献而不兼有给职者，听其自由著作，每月酌送补助费。吴稚晖、李石曾、周豫才诸君皆受聘。"

鲁迅一颗悬着的心终于落下来。他在第二天，也就是1927

年12月19日，致邵文熔信中高兴地说："昨由大学院函聘为特约撰述员，已应之矣。"

五

蔡元培通过特约撰述员这个名目提供给鲁迅的这笔"补助费"长达4年又1个月，共计14700元，数目相当巨大。[1]

然而，在上海"四一二"反革命政变和广州"四一五"大屠杀后，鲁迅同国民党在政治上已经处于对立，因此鲁迅夫妇在书信文字中提及由国民党政府提供的此项收入时，一直有所隐讳，并不想为人所知。比如，1929年5月，许广平写信告诉鲁迅收到了这个月的补助费："中央行那张纸，今天由三先生托王（鲁迅三弟周建人的妻子王蕴如）去转了一个地方，回来的收据，放在平常的地方一起了。"[2]

这句话翻译过来，就是说教育部由中央银行汇寄的300元汇款单，已经由周建人托王蕴如取出又转入储蓄的存折了。许广平在信中将这笔收入称为"中央行那张纸"，而且连转账都要借弟媳的名义，可见夫妇二人对此事的谨慎。后来鲁迅出版《两地书》时，干脆把这段话全部删去了。

---

[1] 一年之后，大学院裁撤，恢复教育部与旧有教育制度。蔡元培辞去院长职务，转由蒋梦麟担任教育部部长。这个饭碗又在蒋梦麟任部长的教育部里改名为"教育部编辑费"。

[2] 王得后：《〈两地书〉研究》，天津人民出版社，1995年，第214页。

接受了聘书之后，鲁迅与蔡元培恢复了交谊，从此他在与朋友的书信中对蔡元培没有再出恶言与讥评。1930年3月27日，在致章廷谦的信中还这样说："蔡先生确是一个很念旧知的人，倘其北行，兄自不妨同去……"他称赞蔡的"念旧"，显然与蔡此举有关。

鲁迅最初争取这个研究职位的时候，是计划把他早年所辑集一直没能出版的《古小说钩沉》之类的书出版几本，聊以塞责。但是出版这种书籍没有市场，他联系了多家单位也没有人愿意出版。后来他又打算自费印行《嵇康集》，但是刚刚整理好文稿，又因为战乱无法进行。一直到1931年底，鲁迅并未为这个岗位做过任何工作。

因此，1931年12月，鲁迅的编辑费因为没有工作成绩终于被裁撤。对此鲁迅倒是觉得理所应当，毫无怨言。他1932年3月2日致信许寿裳说：

> 惟数年以来，绝无成绩，所辑书籍，迄未印行，近方图自印《嵇康集》，清本略就，而又突陷兵火之内，存佚盖不可知。教部付之淘汰之列，固非不当，受命之日，没齿无怨。

然而蔡元培知道这个消息后，却很不满意，仍然想利用自己的影响力为鲁迅争回此款。不过因为鲁迅违约事实过于明显，他的努力没有收到成效。鲁迅知道后，在给朋友的信中表示了深深的感激：

> 被裁之事，先已得教育部通知，蔡先生如是为之设法，实深感激。[1]

---

[1] 鲁迅：《鲁迅全集·编年版》(第6卷)，人民文学出版社，2014年，第838页。

我的文学青年生涯

一

1996年初，我把一个大信封投入邮筒，然后又用手指探了探投信口，看看是否落了进去。信封上的地址是"上海市巨鹿路675号《收获》杂志社"，里面装的是我的一篇历史散文：《无处收留：吴三桂》。

十五年过去了，直到今天，我也没收到《收获》杂志社的回信。不过，我的"体制内文学生涯"确乎可以从初次投稿这一天开始算起。

二

只有经历过20世纪80年代的人，才能明白"作家"这个字眼儿，在那个年代意味着什么。

那是一个人人捧读文学期刊的时代。一篇小说在稍知名一点的文学刊物上发出来，则举国皆知，人人谈论。那是一个作家被奉为社会精神导师的时代。人们相信作家是社会的良心，是正义的化身，是未来的宣告者。那个时候，写作可以彻底改变一个人的命运，发表一篇引起关注的小说，就可以使一个人从社会底层一夜之间变成万众瞩目、举国议论的焦点。一个人如果揣本诗集，号称热爱文学，就可以行走天下。人心如同白莲花，刚刚绽开。

我就是在这样的氛围中长大，而我身处的辽宁省朝阳市，又是一个对文化和文学抱着特别质朴的尊重的边地古城。去年我回朝阳办理母亲的医疗报销事宜（母亲是在朝阳市退休的），异地报销手续烦琐，工作人员表情慵懒，公事公办，眼看着一天之内不可能办完。陪我去的表妹夫很机灵，对工作人员说，他是个作家！说着把我刚送他的一本书拿了出来。

顿时整个办公室都轰动了，每个人都站起来，争相传阅这本书。科长给我搬来了椅子，请我坐下，另一个人递上了热水。人们如同对待一个前来视察的大人物。一路绿灯，很快全部办妥。

在"作家"如此贬值的时代，此地还对文字保持着如此淳朴的尊重，那么可以想象二十年前这种尊重会是何等盛大！

古城里的人认为读书肯定是一件好事。初中时，我在朝阳市图书馆和市政府图书室各办了一张借书证。别无选择，借回家的都是名著。当然，是那些勉强能看懂的名著，什么《大卫·科波菲尔》《鲁滨逊漂流记》《基督山伯爵》《名利场》……记得有一年夏天去北戴河旅游，我坐在大客车的第一排，手里捧了一本厚厚的《愤怒的葡萄》，因为看不懂而愤怒了一路。

一个初中生看《愤怒的葡萄》，这就是我成长年代的文化景观。一方面，我们没太多书可读；另一方面，撞到手里的书大致都有着坚硬的品质，把每个读者都练成了钻头。"浅阅读""轻阅读""软阅读"这些词汇，当时尚未出现。

更多的文学熏陶发生在我上大学的20世纪90年代初，大学图书馆里的书毕竟更多。王安忆、韩少功、莫言、韩东、王朔的小说，是学生们争着借阅的作品；高中时没读下去的《战争与和平》《罪与罚》，借出来重新再读……经历了这些之后你没法不成为一个文学青年。

三

但是工作以前我并没有认真想过当一个作家。在大学里，我业余时间大量投入书法和篆刻之中，加入了大学的书法协会。除了"作家"这两个字在我心目中过于崇高之外，还因为我莫名其妙地认为当作家是起码要人到而立有了阅历后才能尝试的事（形成这个印象也许是因为20世纪80年代风靡一时的作家，大多是有了一把年纪的知青）。

开始写作发生在上班一年之后。写作的动因相当简单：无聊。大学毕业之后，本来是想好好工作，先"混"上（用我爸的话来说，是"熬"成）副处级，在小城市里有地位、有面子，这是北方小城长大的人的普遍理想。但是1994年大学毕业，进入葫芦岛市建设银行工作之后,我发现"混"和"熬"对我来说是相当困难的事。一个星期的工作,基本上一两天就能处理完。其他的大部分时间,主要都用来打扑克。那个时候,国有银行还没有进行股份制改革,工作氛围和政府机关差不多。我记得有相当一段时间,每天上班之后不久,我们科里几个人就把门上的玻璃用报纸一糊,在里面玩拱猪、诈金花,一打就是一整天。

这样的生活虽然自在,但时间长了,未免觉得空虚无聊,还有什么更好的打发时间的方式呢?在单位没法写毛笔字或者画画,那么,写点东西吧。我想起我似乎还真有一点"文学天才":小学五年级的时候,我的作文曾经被老师当作范文。托尔斯泰说过,成为作家最重要的是要有强烈的虚荣心。很幸运,这个品质,我也具备。

写什么呢?什么都行,只要不平庸。要知道,我从小就"爱装",特别爱把自己弄得与众不同。从初中就开始读每一本能弄到手的《新华文摘》,越是看不懂的长文章,看得越投入。初三的那年暑假,我还借了本《小逻辑》,在公园里硬着头皮读了十个上午,当然最后还是没读懂。而且我的阅读种类特别杂,只要是带字的东西,不论天文、地理、医学、农业、生物、自然、科学、迷信,甚至日历,我都能津津有味地读下去。大学四年,我基本就是在大连市图书馆泡过来的,读得最多的是历史书。所以截至此时为止,肚子里已经装了太多奇奇怪怪。虽然"余秋雨"这三个字今天看似有些复杂,但我从不否认,他那种"文化散文"的写法令我豁然开朗。这种纵横捭阖的叙述方式，正好将我一肚子的乱七八糟搅和到一起，一股脑儿抽出来。

半年时间里，我写出了《蒙古无边》《无处收留：吴三桂》等好几篇很长的散文。其中我自己最喜欢的是《无处收留：吴三桂》这一篇。

对吴三桂感兴趣，是读了刘凤云写的一本很薄的小书《叛臣吴三桂》，我发现，这个被严重脸谱化的人，年轻时居然是以"孝勇"闻名天下的。青年吴三桂是个美男子，下马彬彬有礼，上马勇武过人，颇为时人称许。从道德制高点走到一叛再叛、擒"旧主"以事新主，他经历了什么样的精神地震和灵魂撕裂？我找了当时能找到的所有与吴三桂及那个时代有关的资料，从材料碎片中试图一点点复原吴三桂在重压之下如同蜗牛一样一层一层脱去道德面具的苦难精神历程。

从文体上看，它非驴非马，不是纯粹的散文，也称不上小说。它是一种叙述和思考的杂糅，是一种合金体的怪物。后来评论家们给这类东西的定义是"跨文体写作"。有人后来说："张宏杰的写作在一定程度上是典型的跨文体写作，掺杂了大量小说式、历史报告文学式，甚至心理分析式的写法。"

我对这篇文章相当满意，认为我可以开始文学青年的第二个规定动作了：投稿。

四

那个时候要成为"作家",你必须向文学杂志投稿——这是通往理想的独木桥。网络那时刚刚为人们所知,"网络文学"这个名词还没出现。"文学青年"的一般路数是先在"省市级"文学期刊上"崭露头角",然后在更高级别的期刊上"引起关注"。这样,你就有资格参加各种笔会采风之类的文学活动,有资格加入市、省作家协会。接下来你的奋斗目标将是被一些知名评论家评论和被文学权威认可,获得一些"省级"乃至更高级别的文学奖项,因为这样就意味着你会在作家协会体系内混到一个"官位",比如某市作家协会主席、某省作家协会副主席。攀爬到这个水平,你就算是功成名就,可以被称为"知名作家",有资格出席"××代表大会"或者"××作家创作会议"之类的荣誉性大会,享受各级作协组织的免费出国采风交流之类的活动。这是彼时一个文学青年成为作家的经典路线。那时候,人们做梦也想不到,十年后会有很多人,比如当年明月,只需把文字发到网上,就有可能被广大网民关注,成为风行海内的畅销书作家。更想不到,一个少年韩寒,虽然进入了文坛,却敢拒绝进入作协的邀请。

那么换句话说,在我开始写作的时候,文学杂志的编辑、文学评论者和文学权威,是一个文学青年成功道路上的三道闸门,你必须一一攻克。首先要做的,当然是先敲开文学杂志的大门。作为文学体制的一部分,到今天为止,各地都会有至少一本"纯文学期刊"。

和一般文学青年先从"省级期刊"投起不同,我第一次就把那篇《无处收留:吴三桂》投给了《收获》。

我决心要用这篇作品作为开头炮,轰开我的"作家"之路。相比当时文学刊物上的其他"文化散文",我自认为这篇文章绝不逊色。我莫名其妙地相信,它一定会得到编辑们的好评。稿件寄走后,我不停地幻想着这个大信封在《收获》杂志社内会遇到什么样的命运。我幻想着某天早晨,一位编辑打着哈欠漫不经心地打开这个信封,读了几段,他坐直了身子,又读了几页,他大呼好文,连忙送到主编那里……我幻想着这篇作品使中国文坛知道了有一个叫张宏杰的二十四岁的"青年作家",比余秋雨更善于讲述历史中的人性;我幻想着我的生活轨迹将从此改变。

稿件投出去的半个月后,我就经常去单位的传达室,但是直到第三个月头上,还是没有任何回音。虽然没投过稿,但是长年阅读文学杂志,我有大量的文学常识。我知道文学刊物的审稿期限是三个月。

五

我并没有丝毫气馁。虽然喜欢幻想,但我其实一开始就将困难预想得很充分:我把写作当成了考验一个人意志和能力的英雄事业,而英雄事业不太可能一帆风顺。我读过许多作家传记,那些作家投稿屡屡被拒的故事令我印象非常深刻,特别是

《马丁·伊登》中那艰苦卓绝的戏剧性的奋斗生涯每每令我心潮涌动。第一次投稿就投给了心目中最好的刊物,不过是出于一种试试看的心理。没反应没关系,一流文学杂志还有很多。

于是我又打印了一份,把它寄给了《当代》。

三个月后,我又寄给了《十月》。

在那之后,我学聪明了:我开始了一稿多投。我同时投给三家刊物,并随时做好收到一家用稿信后马上通知另两家的准备。

可是一年之内,我连退稿信是什么样都没有见过:所有的杂志都没有任何回音。

我开始怀疑自己到底有没有文字方面的才能。不过,我初中时确实做过语文课代表啊!

20世纪70年代出生的人都有股不服输的劲儿。我下定了决心:要用三年时间来打通写作这条路。这三年里我要写出三十万字,如果这三十万字都不能发表,我会永远放弃这件事。

六

就在下定这个决心后不久的一天,我又一次忐忑地来到单位的传达室。我很怕同事们知道我被退稿,我甚至没让任何人知道我投过稿。所以,科室订的报纸杂志都是由我主动来取。

一堆报纸杂志中夹着一个中等大小的信封,上面"《大家》杂志社"的社标很醒目。我的心开始怦怦跳动。信封很薄,说明应该不是一封退稿信。

办公室中午正好没人,我撕开了信封。里面是一幅龙飞凤舞的行书:

张宏杰先生:

你的《无处收留:吴三桂》写得棒极了!准确、结实、饱满。编辑部一致同意向你约稿,因《大家》明年将倾力推出一种实实在在但同时也更为文学、更边缘化的写作方向。《无处收留》略嫌偏"实",若能再个人化一些,可在《大家》刊发。

朱晓桦

你可以想象我的兴奋。我终于确信,"文学事业"是我想象中的那么回事儿。确实有那么一群敬业的人优雅地坐在杂志的那头,如同天使们勤勉、干净而严肃地坐在天堂里。那时的《大家》创刊不久,上升势头很猛,办得非常有范儿,开本很大,黑色的印有历次诺贝尔文学奖得主头像的封面做得大气十足。朱晓桦字体很潇洒,我想象他一定是一个留着长头发的青年人。我当天晚上就开始对《无处收留:吴三桂》进行修改,朝着我理解的"个人化"风格靠拢。虽不至于夜不成眠,但白天我的大脑犹如热恋中总想着恋人的脸一样,总是转着《大家》那黑色的封面。半个月后我把稿子寄回去,然后就是数着日子等待。能在《大家》这样有分量的杂志上发表"处女作",

应该也算一个漂亮的开头了吧！看来写作两年，终于"梦想成真"了。很可能，我文学生涯中的第一个笔会，会在"春城"昆明……

三个月后，第二封信来了，我急切地打开，却是一盆冷水："你的《无处收留：吴三桂》送审时未通过，说是暂时不发历史题材。《大家》杂志社将要自负盈亏，在如何走向市场上考虑得较多，原来选定的许多稿子都压下了，你也可以别处想想办法。"

七

如前所述，我曾铁了心要让处女作在顶尖刊物上一鸣惊人。不过，在《大家》退稿后，我痛定思痛，不得不做出重大退步。除了《无处收留：吴三桂》这篇我最喜欢的稿子之外，我将《蒙古无边》等其他稿子投给省级文学刊物：我要先踏入"文学圈"啊。

首先想到的当然是本省的那本《鸭绿江》，虽然今天可能没多少人知道还有这样一本刊物，但是在20世纪80年代，它曾经辉煌一时。

标准自减一档，似乎就一路通畅：一个多月后，我就收到了《鸭绿江》一位叫李轻松的编辑热情洋溢的回信。然后，1998年第2期，《鸭绿江》刊出了我的《蒙古无边》，于是这篇文章成了我的"处女作"。

从那之后，我和诗人李轻松成了朋友。通过和她通信，我才发现，原来我能在这样一本省级文学刊物上发表作品，其实也是一种小概率事件。她说，发现我的作品时，她刚刚从别的单位借调到《鸭绿江》做编辑，一般的编辑都不爱看自然来稿，因为里面百分之九十五以上都是不通之作，只有她这个新手还有兴趣翻翻。她很偶然地在堆如小山的自然来稿中，抽到了我的信封。

直到这时，我才知道还有"自然来稿"这一说。也就是说，文学刊物中刊发的，大部分都不是像我这样直接写上"某某编辑部收"的稿件。你起码要写上具体某个编辑的名字，被拆开看的可能性才更大一些。更靠谱的做法是，先设法与编辑认识。起码，先要有朋友居中介绍。

我感觉很意外。我所知道的"文学世界"不是这样的。在我心目中，"文学世界"真有点"高于生活"的意思，它应该是一群不世俗的人按着非世俗的规则操作的事儿。我一直认为作家一开始都应该是"自然投稿"，而编辑对所有稿件都应该是一视同仁。有这个"文学世界"存在，或者说有这样一群抵抗世俗的人存在，这个世界才有价值。所以这一事实是对我的迎头一击，让我的头嗡嗡叫了许久。我回想起自己苦等编辑们回音的日日夜夜，现在才想明白，也许我投出去的信封，至今仍然没有被打开。

不过，这一认知对我并没有什么影响。在那之后，直到今天，在通常情况下，我仍然坚持"自发投稿"（虽然今天我已经很少投稿了)。之所以如此，是因为我认为这是"正确"的，这是我少年时代梦想的一部分。当然，也如以前一样，直到今天，我的"自发投稿"百分之九十五以上都没有回音（比如我有时感慨于时事，会写点时评，投给我省的晚报，也多次给自己很喜欢的报纸《南方周末》投过稿，不过十多年了，从来没有投中过)。

这反映了我性格中的某种"心理疾病"，我没法治愈它。

八

《蒙古无边》的发表，标志着我"走上了文学之路"。接着，《青年文学》也接受我的"自然来稿"，发表了我的第一篇也是迄今为止唯一一篇小说《说话算话》，我还记得给我回信的编辑叫陈锟。接着，我又陆陆续续在省级文学期刊上发表了一些作品。然后，我被省作协"发现"，参加了省文学院的"青年作家培训班"。在那之后，我又成为"省文学院合同制作家"。这是各省"鼓励文学创作"的通行做法：省作协在全省范围内挑选十多名有实力能出"成果"的中青年作家，与之签约，按照他们每年在各级刊物上的发表量以及被转载的数量，会给予一定津贴。在一省的文学界，这算是一种比较重要的认可，也就是说，我确乎已经是"青年作家"了。

但是，我仍然没能把《无处收留：吴三桂》发表在"一流"刊物上。这是我的一个心结。我一直没有放弃努力。这篇稿子一天也没停地在邮路上奔波。又一个编辑给我回信了。在《大家》退稿之后不久,《花城》的编辑,一位叫文能的先生给我来了用稿信。这封用稿信虽然没有谈及对这篇文章的评价,却明确地讲,将于明年刊发。

到了年底,文能的第二封信来了:"你的稿件本已确定刊发,但是我因个人原因,将调离杂志社,加上出版社内部原因,因此此稿也无法用了。我已经将它推荐给了其他刊物,请相信这是一篇好作品,肯定能发出来。"

过了几个月,《天涯》杂志李少君的一封回信证明文能先生确实在努力帮我的忙:"文能转过来一篇你关于吴三桂的文章。我们看过,认为很好,本来是可以在《天涯》发的。但太长了。你功底、文笔都不错,有什么其他稿可以寄些来。这篇你可以寄给《收获》看看,他们应该是可以发的。"

直到2001年,我已经出版了第一本散文集之后的第二年的夏天,到辽宁文学院开会。我几乎已经忘了有一篇稿子还漂在路上这件事,直到文学院一位工作人员把一本已经磨破边了的牛皮纸信封扔给我:"请客吧!给你的杂志,寄到这儿来了。"

是2001年第1期的《钟山》,目录栏中赫然印着"无处收留:吴三桂——张宏杰"。因为彼时我已经是"辽宁文学院合同制作家",所以杂志被莫名其妙地寄到了这里。杂志里还夹着一封信,主编傅晓虹说,是文能转给她的稿子。

这篇文章一刻不停地在路上奔走了五年,这五年,我由二十四岁变成虚岁三十,它则风餐露宿,不眠不休,撞过了十几家杂志的大门,最终,到底在一本"一流"刊物上露面了。我终于对得起它了。(到今天为止,我也没见过文能先生,甚至没通过一次电话。我不知道他现在在什么地方工作,还是已经退休了。)

我打开杂志,将这篇《无处收留:吴三桂》从头到尾一字不落地又读了一遍。我记得大学期间我在《钟山》上读到的大量好作家:苏童、余华、贾平凹、汪曾祺……如今,我隐隐有了与他们,这些我昔日的文学英雄并肩站在一起的感觉。

九

在此之前,虽然已经发表了很多文章,但是我一直没有找到当"作家"的感觉。在我的记忆中,一个真正的作家,是拥有大量读者的,是会收到如潮反响的。你看那些著名作家的采访,不是都说某篇作品发表后,会收到一麻袋一麻袋的读者来信吗?(其中最令我印象深刻的细节是可能还会掉出漂亮女读者的照片。)

可是,没有任何读者给过我反馈。也没有任何评论家注意过我的存在,甚至我身边也没有任何人表示他们读过我的文章。当然,我的写作是"秘密进行"的,因为我担心可能失败。不过,我期望的是,在我成为作家之后,被身边的同事和朋友在杂志上惊讶地发现。现在,我已经"成功"了,已经是"省文学院合同制作家"了,可似乎从来没人知道这一点。

我把这归咎于没有在"一流"期刊上发表过东西。我特意到单位的图书室里查了一下,里面确实没有订《鸭绿江》或者《北方文学》之类的省级期刊。

如今,我在《钟山》上露面了。图书室里确乎有这本杂志的。那些评论家肯定也都看这本杂志。这次,我算是登上文坛,露了脸了吧?

果然,在看到杂志后的第二个月,我收到了一封读者来信。这位读者颇有点不寻常:她是彼时以一本《现代化的陷阱》在全国引起反响的学者何清涟。她说,她在《钟山》上读到《无处收留:吴三桂》之后感觉非常"震骇",遂找到主编傅晓虹要到我的联系方式。她说了很多肯定赞赏的话。她还说,她是先学历史后学经济,与我恰好相反。她最后说,她此时"因言贾祸",情况很不顺……总之信写得很长,随信还一口气寄来她的三本书,一本书上题写了"宝剑赠烈士"五个大字。

我当然兴奋。我当然激动。我等着更多的反响,对我到那时为止自认为最好的一篇作品的反响。

没想到,何清涟的这封信居然成了绝响。在那之后,我再也没有收到过任何来自文学刊物的读者的反馈,更不用说什么评论家或者文学权威的反应了。单位图书室的那本《钟山》,似乎也从来没有人借阅过。我费尽全力,朝湖水里扔了一块大石头,然后侧耳倾听:半天过去了,毫无声响。

原来湖不在那儿。

直到这时,我才恍然发觉,"80年代"已经逝去,世界已经变了。20世纪80年代一本文学刊物，动辄几十万上百万的销量，连东北边地的《鸭绿江》，发行量一度都达到四十万册。"一本《十月》或者《当代》，往往先在大学宿舍间流动，然后可能在理发店、医院病房、工厂车间、商店柜台之间持续做布朗运动；也可能是从表哥到表妹到表妹的男朋友到男朋友的班主任……直至消弭于无形。"[1] 仅仅十年后，这一情景已经恍如隔世。某位主编说："你不能去问一个诗歌期刊的主编，他的杂志发行有多少册，这就像问一个女人她的年龄一样。"

文学不再能带来轰动效应，不再能改变一个人的命运，所以，那些最有才华的人很少再有人从事文学了。去从政、从商，去做个循规蹈矩的白领，都比做文学青年靠谱。许多才华正盛的作家，都纷纷转行去给导演打工，写电影、电视剧。"文学"变成了小圈子的事。一般来讲，你发表的作品，只有编辑以及你通知到的几个同行会读。

与上两项变化互为因果，大部分文学也告别了社会，告别了读者，仅仅成为一种有气无力的惯性。20世纪80年代，文学替读者思考，为读者启蒙，指点江山、激昂"斗志"。如今，文学变得"纯粹"了，但是也纯粹到了水至清则无鱼的境地。

也不能说我没有得到过反馈。在得知我发表了一些作品后不久，建行的某位科长曾经郑重其事地和我探讨过"写作"这个话题。据他理解，在作家当中，写散文的尚属正常，写小说

1　张凌凌：《中国文学杂志的生与死》，《新周刊》2011年第348期。

者都是准精神病患者，而写诗则是一个人精神有问题的确凿证据。

同时，我全力写作的年龄正是一个中小城市青年找对象的关键时段，"不好好上班""写小说"（人们管文学杂志上的东西一律叫作小说）不但没成为我吸引未婚女青年的招牌，反而成了我不是一个好的婚姻对象的证明。这证明我不会很好地沿着副科长、科长、副处长之路攀登，反而有成为浪荡之人的可能。在我逃离了"行长秘书"这一职位后，这一征兆更为明显。而回首我的大学同学，大部分已经"混"成科长，有的已经是副处长、处长，更有人已经成了亿万富翁。

十

好在了解了这一事实后我并没有过分沮丧。作为一个小城市里的普通大学毕业生，我的理想如同橡皮筋一样可长可短，可大可小，可以想入非非，也可以在第二天早上就忘掉。虽然不能凭写作"功成名就"，但是我发现了并且习惯了写作的快乐。

写作是痛苦的。写作需要将自己调动到最活跃、最兴奋、最有力量的状态，才能随心所欲地驱策胸中万物，才能接近理想中的完美状态。因此写作者必须拥有特别强大的意志力，需要无情地鞭策大脑。这种写作中的完美主义压得我喘不过气来，不过离了它，我就得不到那种酣畅淋漓的极致体验。

写作又是快乐的。我的性格是那种习惯和自己较劲的人。我想最适合我的工作也许是一个石匠或者木匠：安安静静地坐在一个不被打扰的地方敲打点什么东西，使它以最合适的形态呈现出来。仅仅这一过程本身，就足以令人心满意足了。

我越来越发现推动我写作的动力是好奇心。我们被告知的世界，和真实的世界，差距之大如同两个星球。而历史这个领域，这种差距更是明显。大学期间在大连市图书馆阅读历史材料时，我不断地感到乘坐过山车式的惊讶。把这种惊讶表达出来，其实就是我写历史的最初动力。历史写作对我来说是一次旅行和探险：在故纸堆中，你随处可见蛛丝马迹。沿着这些线索前行，擦去历史碎片上的尘埃和涂饰，小心翼翼地拼接在一起，你会发现历史的面相与你的想象几乎完全不同。一开始，我关注的是历史中的人性。就像莫言在评价我的一篇文章中说：我关注的是人性的复杂。在历史中，各种情节都已出现，人性的千奇百怪、匪夷所思、出人意料都表现出来了，我迷恋于观察这种复杂性，迷恋于将一张又一张面孔复原出来，得意地指给别人说，看，他原来是这个样子！再后来，我的好奇心更多地转移到历史规律本身。我开始观察农民起义，观察中国人的盛世梦，观察中国专制制度的起源……我惊讶地发现，我头脑中那些习以为常的观念，几乎都是不准确的。比如，中国式的盛世几乎都是建立在一个大衰世的基础上，并且以衰世为结局；比如，春秋战国时的那些自由思想的大家，几乎个个都在呼吁一个大一统的专制政权……

我的这些观察和思考，完全是野狐禅式的，远离"学术范式"的，我的结论也许荒谬可笑，离题万里，但是我却自得其乐。我的写作完全是随心所欲、信马由缰。摒弃万物，沉在书房中，一点点地梳理自己的思路，解答自己的疑问，敲打出一篇篇文章，那种遗世独立的专注、单纯而宁静的感觉，确是一种巨大的幸福。

就这样，我以一个标准的"文学青年"为入口，走入历史。从历史开始走下去，你会不自觉地经过人文学科的各个房间。一路走来，通过写作，我对这个世界有了更深、更广的认识。从1996年到现在，我的思想发生了巨大的变化。我对社会、对历史、对体制，包括文学体制，许多方面都进行了自我颠覆。而这一脱胎换骨的过程，正是开始于写作。

写作也给我带来了现实的"利益"。一开始，为了不致招人误解，我的写作是在地下进行。而发现"作家"已经成了异类之后，我更把发表的文章埋到抽屉深处：没有可以交流的对象，总要好过那些言不由衷、文不对题的"赞赏"。后来一个偶然的机会，行长王毅读了我写的几篇文章。行长虽然文凭不高，但是兴趣广泛，知识面颇广。更主要的，他们那一代人还认为，写作是一件意义重大的好事。他说，你是个写文章的料，我给你提供点方便。

于是，他把我调到了市行营业部，因为营业部主任董庆毅为人非常开通大度。在他和行长的默许下，我一周只需上班一两天，其他时间，可以在家里正儿八经地当"作家"。这自然是写作给我带来的幸运。每天早上六点半，起来跑一圈步，回到家里，洗个澡，听一楼人都走空了，泡一壶茶，打开电脑，看着茶烟升起，听着电脑"沙沙"的启动声，整个房间就像古墓那样安静。每当这时就深深感谢世界，对我这样宽容。即使写出来的文章永远都不能引起关注，但能一直享受这样的书房生活，我也就心满意足了。

十一

不过，写作另一面的快乐毕竟是传播和交流。每一个碾玉人都希望他的玉观音能有人欣赏。更何况20世纪80年代成长起来的人都有点"文以载道"的老套想法。

一个意外的机缘，使我发现了另一条接近读者的路。那是1999年，我到北京出差，因为《鸭绿江》主编刘元举先生介绍，认识了在时事出版社工作的沈阳人祝勇。祝勇知道我在写东西，让我发几篇给他看看。

过了几天，祝勇给我打来电话："我想给你出本书，行不行？你的水平完全可以出一本书，而且我估计书有可能卖得很好。"

于是，在2000年1月1日，我的第一本书《千年悖论》出版了，汇集了我写作初期的大部分作品，其中主要的当然是"历史文化散文"。说实话，在此之前，我从来没有考虑过出版的可能性。因为在我看来，出书实在是比在杂志上发表作品重大得多的事（在我的印象中，一个人一般要到中年，德高望重，作品积累到一定数量了，才有可能出一本书）。因此，虽然稿费只有每千字30元，虽然封面做得有点不伦不类，我还是感觉很兴奋。

这本书起印五千册，上市后很快就淹没在众多新书当中。虽然不久都卖光了，但是在读书界没有引起什么关注。

不过令我高兴的是读者却有了反馈。读者大部分都是大学生，奇怪的是，他们几乎都是在大学图书馆读到的这本书。看来这个出版社对图书馆的发行很成功。有几个大学生给我来信说，这本书"颠覆了我们的大脑"，"千年悖论，让我们觉醒，第一次从人的角度来考虑这些历史人物的种种作为"……

我很高兴这本书能触动一些人，能让他们感受到我的愤怒、惊讶、感慨、激动，能颠覆他们对历史的一些成见，这正是我在书房里不懈敲打的目的。

我发现，出版是将自己的写作抵达读者的大路。出版的传播力比在传统文学杂志上发表要大得多，有效得多。虽然一开始我走的是"文学之路"，但其实我的作品并非标准化的"文学性写作"，我写的虽然都是历史，但是离现实可能比大部分小说都要近。它们的读者，更多在文学期刊的订阅者之外。而且关键的一点是，出版社的编辑与文学期刊的编辑完全不同：大部分出版机构都需要赚钱养活自己，因此特别在意一本书的市场反应。与文学期刊疏离了社会不同，出版业已经相当市场化，编辑们都在睁大眼睛寻找每一位有读者的作家。

所以，除了第二本书的出版颇遇艰难外，我的书出版都非常顺利，特别是第三本书《大明王朝的七张面孔》出版之后。

《大明王朝的七张面孔》出版不久，我在报纸上、网上很快见到了白岩松等人评论了这本书。演员袁立在我经常看的《锵锵三人行》中提到了这本书，那年《艺术人生》的年终评点，张越、崔永元等几位嘉宾似乎也提到了这本书……于是我意识到这本书引起了广泛的关注。虽然出版社没有进行过一个字的宣传推广，但是这本书通过口碑相传，渐渐传播开来。印数很快就过了三万册，而在文化类书籍里面，据说三万册就算畅销书了。再以后，我的《中国人的性格历程》《曾国藩的正面与侧面》也陆续成为历史文化类的"畅销书"。从《大明王朝的七张面孔》起，我算是有了自己的读者群，大量地收到读者来信，其中有一封是当时身在美国的留学生，后来的青年学者刘瑜的信。（特别令我感动的是，一位读者将我的三万多字的《无处收留：吴三桂》一笔一画地抄在一个小本本上送给了我。）我知道，自己的写作与这个世界确实形成了一点互动，虽然是如此微不足道的一点互动。

让自己的写作真正抵达读者，我用了将近十年的时间。

十二

在主要传播方式转为出版的同时，我的传统"作家"之路仍然自然延伸。我的一位朋友作家钟求是有一次与我通电话时说:"我感觉你的文章挺适合《当代》的风格。你寄给我的朋友吴玄吧,他现在在《当代》做编辑。"

我按钟求是提供的 E-mail 寄去了几篇稿子。一周后,吴玄打来电话,说他已经与主编洪清波达成一致意见,打算从2006年起,为我开一个专栏(他们并非因为我出版过一些作品而认为我可以开专栏,事实上他们对我出版过的书一无所知)。这对我完全是一个意想不到的事。专栏的名字后来定为"史纪"。这成了我在"纯文学"领域最辉煌的"业绩"。我获得了一些省级文学奖和一项不太重要的文学奖。对了,还有"文学创作一级"这个职称。因为这些成绩,我成为省作协的"理事",后来又成为"主席团成员",还成了一个市作协的"副主席",参加了"青创会"。

我在"文学圈"里遇到过许多清爽的人和清爽的瞬间,遇到过很多认真的编辑和几本敬业的杂志,让我想起20世纪80年代整个社会精英与国家同方向前进时的神清气爽。比如,我写作生涯中参加过的"唯二"的笔会中的一次,《天涯》杂志多年前开的一次笔会。

如前所述,我的《无处收留:吴三桂》当初被《天涯》因为太长委婉拒绝。当它在《钟山》上发表后,副主编李少君写来一封约稿信,说韩少功看到《钟山》上的这篇文章,批评了他,说他错过了一篇好文章。

于是,我接连在《天涯》上发表了几篇文章。说实在的,《天涯》这本刊物在所有文学刊物里最适合我,因为它办得不那么"纯文学",而是更注重思想性和杂糅性,与我的写作风格比较合拍。

2001年,我意外地得到《天涯》的邀请,年底到海南开笔会。"笔会"两个字,在文学青年时代特别令我向往,在我的幻想中,那应该是一个小团体的神仙会一样的精神会餐。大学读文学杂志的时代,我多少次幻想自己将来也能参加"笔会",这个梦想终于实现了。

到了海南才发现,这是一个规模很小的笔会,只有九个人。除了我,其他人都大名鼎鼎:张承志、莫言、李陀、王晓明、翟永明、汪晖,还有主人韩少功和蒋子丹。所有的人我都是第一次见到。他们大都是我心目中的文学英雄。不管怎么样,我心中难免暗自激动。那是我第一次到海南,感觉很新鲜。汽车沿环岛高速路行驶。山峦优美,千万株桉树见缝插针,热火朝天地竞争、拥挤……迫不及待地生长。开会的地址是岛内的七仙岭,这是白云缭绕下的一座黛青大山,山顶七峰并立,如同七位仙人侧立。推开窗子,遍地椰树的翠叶在阳光下闪闪发光。

在这些"文学英雄"身上,我确实发现了想象中的"80年代气质"。这个会上聊的许多东西,现在已经没有印象了。只记得莫言对于大家在会上总是"胸怀宇宙"有他自己的看法。吃饭的时候,他端着酒杯,抿着红酒,随口编了个顺口溜:

这是一个分裂的时代,又是一个整合的时代。

这是一个破坏的年代,又是一个建设的年代。

这是乡下人进城打工的年代,又是韩少功下乡隐居的年代。

这是文学似乎能影响社会的年代,又是文学一钱不值的年代。

文学圈里,拉帮结伙的多了,孤军奋战的少了。

无耻吹捧的多了,严肃批评的少了。

自高自大的多了,谦虚谨慎的少了。

出版的作品越来越多了,好的作品越来越少了。

关心国家大事的多了,关心文学的少了。

冒充理论家的作家越来越多了,像我这样不会说话的越来越少了。

丰乳的方法越来越多了,能分泌乳汁的乳房越来越少了。

…………

他一口气编完,大家都大笑。蒋子丹立刻要求,这串顺口溜要交给《天涯》,放到"作家立场"里发表。

这个笔会让我感觉到20世纪80年代的文学梦不只是一个梦,它真切地存在过。

十三

1996年,当我拿起笔的时候,误以为写作能给我带来一切。转眼,写作已经十五年了。我也由大学刚毕业的青年,接近中年,人生中最美好的年华付给了书桌。抬头一看,几乎一切都已经沧海桑田。

是啊,这个世界变化太快了,事实上我们这一代人也许是中国历史上最为"沧桑"的一代:通常状态下几代人才能经历的历史变化,都压缩到我们这一代身上。应该说,有一些变化,是必然的。但是,也有一些变化是令我意外的。比如,我今天在网上看到的这样一则新闻:

《蔓蔓青萝》《泡沫之夏》《潇然梦》……今日,某大学图书馆公布其2009年秋季学期借阅书籍排行榜,"进军"前100名的书籍几乎全为网络文学书籍。

据该排行榜显示,除了排名第51名的《宋氏三姐妹》和排名第100名的《最易掌握的学英语规律338条》,其余的均为在网络上曾风靡一时的网络文学作品,如《玥影横斜》《爱在唐朝》《失踪的王妃》等,以及很多青春小资文学作品。而与高校专业课程相关的书籍均无缘入榜……

自己坐在大连市图书馆,翻读文学期刊的情景宛如昨日,却读到这样的新闻,怎么能让人不恍如隔世?当我恍惚的事情越来越多,我不得不说,这个世界的走向,不是我所想象。